江西通史

——元代卷中冊

目錄

第二章｜元代江西的經濟

元代江西境內的人口分佈基本延續了南宋以來的趨勢，以鄱陽湖沿岸、贛江中下游及其主要支流所在的平原為人口的主要聚集區。下表顯示了宋元時期江西各地人口密度的變化：

·宋元江西人口密度表（單位：戶／平方公里）

政區	太平興國五年（980 年）	元豐元年（1078 年）	崇寧元年（1102 年）	南宋中後期	至元二十七年（1290 年）
龍興（洪州、隆興）	5.5	13.7	13.9		19.9
瑞州（筠州）	9.4	16.1	22.6	18.4[I]	29.3
袁州	9.7	15.8	16.1		24.1
臨江		18.4	18.9	20.8[II]	32.6
撫州	6.2	15.8	16.3	25.0[III]	22.2
建昌	2.5	15.3	21.5	22.4[IV]	15.6
吉州（吉安）	5.5	11.8	14.5		19.2
贛州	2.8	3.2	9.0	10.6[V]	2.4
南安		5.7	6.0		8.1
饒州	3.1	12.5	12.5		19.3
信州	3.0	9.9	11.5[VI]	11.3	
江州	4.2	16.6	14.7		14.6
南康	6.2	16.3	16.3		22.1

資料來源：葛劍雄主編，吳松弟著：《中國人口史·遼金宋元時期》，第 495-496 頁。
說明：I：寶慶二年（1226 年）數；II：咸淳五年（1269 年）數；III：景定三年（1262 年）數；IV：開慶元年（1259 年）數；V：寶慶二年（1226 年）數；VI：紹熙二年（1191 年）數。

元代的江西是全國人口最稠密的地區之一。據《元史·地理志》及饒州路戶口修正數，元代江西地區約有二四〇萬戶，一二〇〇餘萬口，較南宋嘉定十六年（1223 年）的二六八萬戶略有減少。至元末，全國總戶數約一四〇〇萬[15]，江西占百分之十七，基本延續了南宋時期在全國人口中的地位。據研究，元代江西地區的人口密度約為十六戶／平方公里，僅次於包括杭州、鎮江、蘇州、台州、太平州、池州、江寧等在內的江南地區（約相當於今浙江、上海兩省市及安徽、江蘇兩省南部，其元代人口密度為 27 戶／平方公里）而居第二位[16]。另，至元二十年（1283 年），元朝規定，「十萬戶之上者為上路，十萬戶之下者為下路。當衝要者，雖不及十萬戶亦為上路」[17]。江西十三路中，九路為上路，只有江州、南康、建昌、南安四路為下路[18]。元貞元年（1295 年）五月規定，「戶至四萬五萬者為下州，五萬至十萬者為中州」，上州戶數自然在十萬之上。經過調整，「凡為中州者二十八，下州者十五」[19]。江西境內有十八州（上州 1 個，中州

15　吳松弟：《中國人口史·遼宋金元時期》，第 259 頁。

16　吳松弟：《中國人口史·遼宋金元時期》，第 474-475 頁，第 495-496 頁。

17　《元史》卷九一《百官志七》。

18　至元二十七年（1290 年）戶口統計時，贛州路只有 7 萬多戶，不及 10 萬戶，但《元史·地理志》載其為上路。可能在至元二十年時，贛州路超過 10 萬戶，後經歷黃華、鐘明亮起事，人口減少；或者，因贛州是嶺南嶺北的交通要地，乃「當衝要者」，因而列為上路。筆者傾向於前者。

19　《元史》卷一八《成宗紀一》。

10 個，下州 7 個），其中有十二個是在這次調整中由縣升格為州的，占元貞元年縣升州總量（43 州）的百分之二十八，由此可見江西地區人口的繁富。

元代江西的戶口登記與其他地區一樣，實行的是諸色戶計制度。江西的諸色戶計分類始於何時，史無明載，但江南儒戶的定籍始於至元十三年（1276 年）的入元之初[20]，可能民戶、僧道戶等戶計的分類也始於此時，其他戶計則設置於政府需要的時候，如站戶劃定於創設驛站系統之初，投下戶始設於分封之際，等等。至元二十七年（1290 年）進行戶口登記時，多參照元初的戶籍，其後的戶計糾紛則多以至元二十七年（1290 年）戶籍為定。

江西地區以民戶為主。所謂民戶，是指除儒戶、軍戶、站戶、投下戶等各種專有名目之外登記在冊的人戶，其中既有城市居民，亦有鄉村居民，而其主體是農民，是國家賦稅差役的主要承擔者。此外，江西還有許多戶計。

站戶：元代江西境內共有一〇〇多處驛站，分為馬站和水站兩種。南方簽發站戶以稅糧為標準，馬站戶「以糧七十石出馬一匹為則。或十石之下，八、九戶共之，或二、三十石之上，兩、三戶共之」，或「納糧百石下、七十石之上，自請獨當站馬一匹」[21]，即原則上以七十石稅糧出站馬一匹，糧多者獨自承擔一

20　佚名著，王頲點校：《廟學典禮》卷三《抄戶局攢報儒籍始末》，浙江古籍出版社 1992 年版。

21　解縉、姚廣孝等：《永樂大典》卷一九四一八《經世大典・站赤》「至

匹站馬，少者數戶共同承擔。因水運成本低於陸路，簽發船戶（水站戶）的標準低於馬站戶。《經世大典》記載了至元（1264-1294 年）末期江西地區除饒州路三處水站和贛州路三處權設水站之外的四十處水站的船隻數和船戶數量，共有站船三八九只，船戶中正戶二四五四戶，貼戶六五七八戶，二者合計九〇三二戶。若加上饒州路和贛州路六處水站的船戶，元代江西地區約有船戶一萬戶左右。江西馬站戶的數量缺乏明確記載，估計不超過三萬戶[22]。以此推測，當時江西地區約有四萬戶站戶。「民之受役，莫重於站赤」[23]，站戶屬於負擔較重的戶計之一。如崇仁人楊汝玉入臨川雲山馬站充站戶，入站之初有六頃多田地，家境殷實，十餘年後，因「當站睏乏，節次出賣田產」[24]，直至一無所有。至元後期，龍興、吉州、贛州有些人戶由民戶改簽為水站戶，當站數年，一直未能蠲免其作為民戶時的種種負擔，承擔著民戶與站戶的雙重責任，困窘可想而知。至於臨江路的馬站戶因「連年倒死馬匹」，出賣田土，自購好馬當役，官吏卻妄稱這些好馬係老弱之馬，不予烙印，然後勒令站戶高價收買官吏所售之馬，以致「逼人身死」[25]這類事情，可能並不罕見。

軍戶：元代江西境內駐有多個萬戶府，士兵有些是來自北方

元二十五年二月」條，中華書局 1960 年影印本。

22　參閱吳小紅《元代江西驛站及站戶考》，載《江西師範大學學報》（哲社版）2000 年第 3 期，第 144-151 頁。

23　黃溍：《金華黃先生文集》卷二四《定國忠亮公第二碑》。

24　《永樂大典》卷一九四二〇《經世大典・站赤》。

25　《元典章》卷三六《兵部三・驛站・違例・官吏貨中站馬》。

的漢軍,其戶籍在原籍;有些是由原南宋軍隊改編而來的新附軍,部分新附軍的家口就在江西,屬於軍戶。如寧都州民多軍戶,隸南安萬戶府;撫州路民戶黎孟一的叔叔黎千三,南宋時為寨兵,入元後,被編入新附軍籍。黎千三死後,萬戶府強行將黎孟一改充軍戶,被制止。另外,成宗大德二年(1298 年),贛州路新設南安寨兵萬戶府屯田一處,「發寨兵及宋舊役弓手,與抄數漏籍人戶,立屯耕守」**26**,共有三二六五戶,可能係系軍戶。元代軍戶由各萬戶府管轄,中央樞密院總轄,地方官府無從掌握具體數字,故元代江西軍戶數量不明。

儒戶:至元十三年(1276 年),江南分揀儒戶,「亡宋登科發解、真材碩學、名卿士大夫」等均應編入儒籍。但是,當時官府草創,儒籍多「止憑坊里正人等取到諸色戶數,一時報應須知」**27**,加之許多人避亂離鄉,元初登記儒籍多有遺漏,如孔子五十四代孫孔雷龍、范仲淹子孫、饒州名儒傅初庵等均未列其中。後,江南各儒學教授、教諭、書院山長等陸續添補儒戶。至元二十七年(1290 年)戶口登記時,儒戶根據「手狀」(自行申報)入籍。江西是宋元時期的文化昌盛之區,儒戶數量應不會太少,但缺乏具體數字,只知部分路州確有儒籍。如信州路在入元之初籍定儒戶,至元二十七年(1290 年)登記戶口時,只有四

26　《元史》卷一百《兵志三》。

27　《廟學典禮》卷三《儒戶照抄戶手收入籍》。該公文所述為江浙行省之事,江西的情況可能與此相似。

戶在歷經十多年後，情況未發生大的改變；撫州路臨川縣入元之初「正儒籍」時[28]，吳長翁名在前列，同縣丁應桂亦隸儒籍，任縣學教諭。

匠戶：元代的手工業分官府手工業和民間手工業兩大系統，在官府手工業局、院、場中從事生產的工匠便是匠戶。元代江西地區設有諸色人匠提舉司、江西織染田賦局、贛州路紋錦局等官營手工業機構，建昌路和撫州路亦有官營絲織機構。這些機構均有專屬匠戶，如江西諸色人匠提舉司管領著一○○○多匠戶，撫州路的織錦工某「嘗籍於官，竟遁入武昌」[29]，贛州路「紋錦局吏竄毀匠籍」[30]等。

僧戶、尼戶、道戶、女冠戶等宗教戶計[31]：這些宗教戶計的義務是「告天祝壽」，在賦役方面享有種種優待，屬負擔較輕的戶計之一。至元二十八年（1291 年），全國僅僧、尼就有二十一萬餘人[32]。元代江西地區僅撫州路就有僧、尼、道、女冠共計一三七八七戶[33]。元代的僧道戶，「大約是一處為一戶」[34]，即一

28　李存：《番易仲公李先生文集》卷二五《舅氏隆臥先生吳公墓誌銘》。

29　宋濂：《宋學士全集》卷十《元故文林郎同知重慶路瀘州事羅君墓誌銘有序》，四部叢刊初編集部。

30　黃溍：《金華黃先生文集》卷三三《茶陵州判官許君墓誌銘》。

31　據弘治《撫州府志》卷十二《版冊一·戶口》，「僧、道、尼、女冠曰名」，即這四種宗教戶計總稱為「名戶」。下文「13787 戶」即元代撫州路的名戶總數。

32　《元史》卷十六《世祖紀十三》。

33　弘治《撫州府志》卷十二《版冊一·戶口》。

34　陳得芝主編《中國通史》第八卷《中古時代·元時期（上）》，第 770

寺、一庵、一宮或一觀計作一戶，每戶人口多寡不等。如此，元代僅撫州路有寺庵、宮觀一三〇〇〇餘處，僧、尼、道、女冠的總數可能超過儒戶、匠戶、站戶等戶計。

據崇禎《瑞州府志》，「元制，戶有南人戶、北人戶、軍戶、匠戶、儒戶、民戶、醫戶、站戶、弓手戶、鋪兵戶、打捕戶、僧民戶、道士戶、客戶、元管戶、生戶、煉銀戶、老幼殘疾戶」[35]。從「煉銀戶」乃指瑞州路上高縣蒙山銀場的冶戶分析（詳見本章第四節「蒙山採銀業」），此處所謂「元制」下的諸色戶計，應是該路分類登記的各類人戶，可見，當時江西地區在上述人數較多的民戶、站戶、軍戶、儒戶、匠戶等之外，還有數量相對較少而種類龐雜的諸色戶計，如醫戶、弓手戶、鋪兵戶、打捕戶、客戶、老幼殘疾戶、元管戶、煉銀戶等。此外，還有未見諸崇禎《瑞州府志》的淘金戶、陰陽戶、投下戶、樂戶、牧馬戶等戶計。

醫戶：元朝規定路州縣設醫學三皇廟，教育和管領醫戶。江西絕大多數的路和部分州縣設有三皇廟，有一定數量的醫戶（詳見本書第五章第一節「官學」）。

弓手戶：弓手戶是維持地方治安的人戶。江南簽發弓手以稅

頁。

35 陶屢中等纂修：崇禎《瑞州府志》卷十《戶田志一》，台北成文出版有限公司 1983 年版。文中將「南人戶、北人戶」與軍戶、匠戶等並列，此南北「人戶」應是民戶。

糧為標準，每十石稅糧簽發弓手一名[36]。江西各路州縣均有這種人戶，但數量不多。

鋪兵戶：元代江西地區設有比較完備的急遞鋪系統，用於傳遞軍政文書。鋪兵主要從民戶簽發而來，身分世襲，成為鋪兵戶（詳見本章第五節「驛站和急遞鋪」）。

打捕戶：打捕戶是以狩獵為主、上貢皮貨和羽毛等物的人戶。皇慶元年（1312 年）前，南康路曾設有打捕提領所。

客戶：據史料分析，元代之「客戶」似指江南沒有田產而靠受僱於人為生者，與宋代的「客戶」有繼承關係[37]，或許也有鄉村客戶與城郭客戶之分。至元十九年（1282 年）山南湖北道按察司副使楊少中曾主張「將前項地客（引者註：指佃戶）戶計取勘實數，禁治主家科派，使令地客與無稅民戶一體當役」[38]，即建議分立客戶戶籍，令其當役。因事關中書省戶部，山南湖北道按察司的上級機關御史台未置可否。從瑞州路的情況分析，後來江西部分地區立有客戶戶籍，立籍時間可能是在延祐七年（1320 年）開徵包銀之際，因為包銀的徵收對象是「江南無田地人戶」中的「做買賣、有營運殷實戶計」[39]，故須對城鄉無田產者進行

36　《元典章》新集《戶部‧賦役‧差發‧十石糧簽弓手》。

37　《元典章》卷四二《刑部四‧諸殺一‧殺奴婢娼佃‧主戶打死佃客》中，將佃戶稱為「客戶」；租佃關係結束後，此佃戶就不再是主戶的「客戶」，即「作客過日，即非客戶」。

38　《元典章》卷五七《刑部十九‧諸禁‧禁典雇‧禁主戶典賣佃戶老小》。

39　《元典章》新集《戶部‧差發‧江南無田地人戶包銀》。

登記，如饒州路便「立局籍民數」[40]。除部分從商的殷實客戶短暫地交納過包銀外，元代的客戶對國家基本上沒有賦役義務，即「江南無田地人戶是甚差發不當」[41]，鄉村客戶的主要負擔是向佃主繳納地租。

老幼殘疾戶：元制，「男子十五曰幼，年尚少也」；「六十曰耆，言至老境無從力役也」；「七十曰老，蒿也，謂年高而言亂也」；「疾病：終身之恙。藥石難療者謂之疾，偶有所苦曰病」；「殘疾：謂一目盲，二耳聾，手無二指，足無三指，手足無大拇指，久漏下，重大癭腫也。廢疾：痴、啞、侏儒、腰脊、折一肢疾者。篤疾：啞疾、癲狂、二肢折、雙目盲之類」[42]。老幼殘疾戶應指家中僅有耆老、孤幼、殘障、痼疾或兼而有之、無法自存的人戶。他們需要官府給予接濟。此類人戶，各地均有。

元管戶：元代北方地區進行過乙未籍戶（1235 年）、壬子籍戶（1252 年）、至元七年籍戶（1270 年）等數次戶口調查與戶籍整理，其中，以前括戶時曾經登記入籍、再次籍戶時沒有發生變動的人戶稱「元管戶」。由此，只有進行過至少兩次籍戶的地區才有元管戶。前文顯示，瑞州路有世祖至元後期和英宗至治時期的兩次籍戶，則兩次籍戶時未發生變動者在至治戶籍中作「元

---

40 黃溍：《金華黃先生文集》卷三一《正奉大夫江浙等處行中書省參知政事王公墓誌銘》。

41 《元典章》卷二一《戶部七·錢糧·科征包銀》。

42 徐元瑞：《吏學指南·老幼疾病》，見楊訥點校《吏學指南（外三種）》，浙江古籍出版社 1988 年，第 86-87 頁。

管戶」。這兩次籍戶間隔三十餘年，能夠躲開世事流轉而寂然不動的元管戶當為數不多。

冶戶、淘金戶：淘金戶是從事淘金的戶計，冶戶則是從事採冶業的戶計。樂平、樂安、富州、上高先後設有金場、銀場或金銀場，各場均有專隸的淘金戶或冶戶，如上高蒙山銀場的冶戶（煉銀戶）有三七〇〇戶，龍興路富州則有淘金戶三〇〇家。

陰陽戶：陰陽戶是從事占卜、風水等職業的戶計。元代各地設有陰陽學，教授陰陽戶子弟，江西龍興、撫州二路即設有該學（詳見本書第五章第一節「官學」）。

投下戶：投下戶是指分給諸王、公主、駙馬、勳臣的人戶，其中既有農民，也有工匠、獵人等，設有專門機構進行管理。如徽政院（管理皇太后位下錢糧、造作、選法等事的機構）轄下有江西財賦提舉司、桑落娥眉洲管民提領所、龍興打捕提領所、瑞州上高縣戶計長官司等，分別管理龍興、江州、瑞州等地屬於皇太后位下的人戶。

樂戶：樂戶是承擔各類官方儀式中奏樂和表演的人戶，人數不多，吉安路儒學的重要典禮一度由樂戶承當，後改由儒學生員為之。

牧馬戶：牧馬戶在江西地區較少，只知在後至元元年（1335年），順帝撥盧州、饒州牧地一〇〇頃賜宣讓王貼木兒不花，設達魯花赤進行管理，故饒州當有牧馬戶[43]。

43　《元史》卷三八《順帝紀一》。

至於崇禎《瑞州府志》中提到的「生戶」，筆者亦未審為何戶計。

元代還有也裡可溫戶（信奉基督教聶思脫裡派者）、蠻失答戶（職業伊斯蘭教士）、鹽戶、糯米戶、脂粉戶等戶計。由於筆者尚未發現江西的這類史料，無法確定當時江西地區是否存在這些戶計。

元代在進行戶口登記時，將各類人戶依資產狀況的不同分成若乾等級，作為攤派徭役與和雇和買的依據，即實行戶等制。元朝的戶等制實施於中統五年（1264 年），江南在至元十九年（1282 年）實行，要求「驗人戶氣力產業，品答高下，貧富均攤」[44]。劃分戶等的依據主要是土地，同時，由於江南土地肥瘠不同，產量相差很大，稅糧數亦是重要標準。皇慶元年（1312年），江西改革里正、主首（屬於差役）的差派方法，規定「糧多極等上戶殷富者充里正，次等戶充主首」[45]，即以戶等為差派依據；龍興路靖安縣派役時，是「驗戶籍高下，以次受役」[46]；南昌縣是「上戶金鬻爵，輕重官崇卑。中戶領鹽據，運醨南海湄。大男附書至，名列中下資」[47]；撫州路金溪縣是「戶役一以資產高下為等第」[48]；饒州路安仁縣（今余江）是「千中得一稱

44

45　《元典章》卷二六《戶部十二·賦役·戶役·編排里正主首例》。

46　吳澄：《吳文正公全集》卷三九《故承直郎崇仁縣尹胡侯墓誌銘》。

47　劉紳：《田父辭》，載魏元曠輯《南昌詩征》卷一，台北成文出版有限公司 1970 年版。

48　吳澄：《吳文正公全集》卷十九《廉吏前金溪縣尹李侯生祠記》。

上戶」[49]；贛州路贛縣是「其他賦役，皆以糧為差等，上焉以供海運，次應差役，下則供雜泛之勞」[50]，等等。這些說明，元代江西各地普遍實行了戶等制，並以之作為攤派徭役的依據。從「糧多極等上戶」和「以糧為差等」兩句分析，江西確定戶等的標準是稅糧，多者為上。這是由江西的土地狀況決定的。

綜上所述，元初江西多沿用南宋戶籍，至元二十七年（1290年）進行了大規模的人口登記，其數字保留在《元史‧地理志》中，但不能真實反映元代江西的人口狀況。元代江西人口的規模可能略小於南宋後期，是當時人口最稠密的地區之一；臨江、瑞州等路人口增加較明顯，贛州路銳減，人口的地域分布格局則未發生大的改變。江西實行諸色戶計制度，以民戶最多，儒戶、站戶、匠戶、軍戶、宗教戶計等相對較多。各類戶計主要據稅糧狀況分成上、中、下三等，作為攤派徭役與和雇和買的依據，即實行戶等制。

二 土地占有

據研究，傳統中國各王朝，在籍土地數字與實際占有狀況有相當的差距，且時代越後，中央政權對土地的實際控制能力越下降。至少自宋代以後，中央政權已無法掌握全國實際的土地數

49　李存：《番易仲公李先生文集》卷四《義役謠》，明永樂三年（1405年）李光刻本。

50　蘇天爵：《滋溪文稿》卷七《大元贈中順大夫兵部侍郎靳公神道碑銘》。

字。為了保證賦稅的徵收不至於逐年下降，中央政權只好採取維持原額的辦法，即以前代徵收賦役的一般情況作為新朝賦役徵收的標準。元朝對江南亦如是。初下江南時，元軍盡量保護故宋的土地、戶口、賦稅籍冊，之後「因之以收賦稅，以詔力役」[51]。如徵收江南諸色課程時，「照勘舊額數目，比之今日見辦課程到官數目，需要逐月增羨，依期比附羨餘申報」[52]，即以故宋舊額作為徵收課程的基礎而略有更動。

入元以後，江西部分州縣亦沿用故宋土地籍冊。臨川縣益塘里王氏的墳山在元初被豪強占據，後，地方官府據故宋舊籍將墳山判歸王氏[53]。但是，有些州縣的故宋土地籍冊在經歷兵燹後被毀，如南豐，「咸淳中，南豐行自實法，凡有田者各書其戶之頃畝租收實數，悉上於官，以為版籍……歸附初，兵毀交至，籍書煨燼」[54]。有些州縣的舊宋土地冊雖在，但「吏漫其籍，官與民兩病」[55]，即官吏故意塗抹改篡土地冊，以便為某些人戶逃避賦役提供方便。更重要的是，經歷朝代更替和交易買賣，土地的所有權變動很大，「夫民力不齊，大者三十年，小者十年，強弱異矣」[56]，由此，清丈土地勢在必行，否則將造成賦役分擔不均。

51　蘇伯衡：《蘇平仲文集》卷六《核田記》，四部叢刊初編本。
52　《元典章》卷二二《戶部八・課程・江南諸色課程》。
53　虞集：《道園類稿》卷四九《王母龔孺人墓誌銘》。
54　劉壎：《水云村泯稿》卷五《南豐郡志序目》。
55　吳澄：《吳文正公全集》卷四三《故臨川處士陳君墓碣銘》。
56　吳海：《聞過齋集》卷一《美監郡編役序》，正誼堂本。

但是，世祖時期為避免「履畝增稅，以搖百姓」[57]，在至元二十七年（1290 年）登記江南戶口時，本來要求一併登記事產，但實際上沒有認真進行。元中期，為解決土地登記嚴重不實的弊端，仁宗下旨在江浙、江西、河南三省實行土地清丈（即「延祐經理」）。這次清丈的結果是，河南行省總計官民荒熟田一一八○七六九頃，江西行省四七四六九三頃，江浙行省九九五○八一頃。由於今江西轄境在元代分屬於江西、江浙兩行省，而江西行省又包括今廣東大部，故難以確知今江西轄境的田畝數。加之「延祐經理」亦沒有真正實現清丈田畝的目的，最後以虛增稅糧告終，所以，終元之世，土地籍冊與實際占有狀況一直存在相當大的差距。其後果是賦稅不均，社會矛盾日漸加劇，導致元朝國祚不長。

為使土地冊盡量反映實際占有狀況，元代江西部分地方官進行了核產均稅的努力。元初臨川縣尹郭某曾核實田產[58]；至元、元貞年間（1264-1297 年），崇仁縣達魯花赤麻合謀「稽核版籍」[59]；大德年間（1297-1307 年），金溪縣尹趙某核實田產[60]；元中期，永新州判官楊景行奉吉安路之命，「核民田租，除剗宿弊」[61]；元統年間（1333-1335 年），撫州路總管府令樂安縣達魯

57　《元史》卷十一《世祖紀八》。

58　吳澄：《吳文正公全集》卷四三《故臨川處士陳君墓碣銘》。

59　雍正《崇仁縣誌》卷四《名宦傳十三》。

60　危素：《危太朴文續集》卷一《休寧縣尹唐君核田記》。

61　《元史》卷一九二《良吏二・楊景行傳》。

花赤爕理溥化對臨川縣的田賦加以核實[62]，等等。但是，有些地區的核產均稅效果甚微，如臨川縣經歷了元初的郭某核產和延祐二年（1315 年）的經理田畝，元統年間（1333-1335 年），該縣又恢復到「民籍之稅不實」[63]的狀態；而金溪縣在核產以後的二、三十年間，「簿書往往有緣絕，經界欲慢將安尤」[64]。

元代江西的土地分為民田和官田兩大系統。民田是私有土地。官田屬國家所有，有些繼承自宋代，有些是強奪民田而來，有些是無主荒田收歸國有，還有些則是沒收或購買而來。元代江西的官田有多種名目，如學田、職田、屯田、賜田、沒官田等。下文略作說明。

學田：元代江西絕大多數路、州、縣都設有官學，有些州縣還有系官書院。這些官學和書院多有一定數量的學田，「以供祭祀之牲幣、粢盛器皿與師弟子之飲食」[65]。其來源有四。一是繼承自宋代。據至元十九年（1282 年）粗略統計，「江東、江西、浙東、浙西四道諸路、州、縣學並杭州太學，贍學田產約有數萬來畝」[66]，這些學田基本上是由宋相沿入元。同年，樂平修建慈湖書院，以故宋貢士莊田若干畝作為該書院的學產，且在其後的「至元二十七年抄籍，延祐二年經理田畝俱作贍學田土」[67]。撫

---

62 虞集：《道園類稿》卷四八《傅民德墓誌銘》。
63 虞集：《道園類稿》卷四八《傅民德墓誌銘》。
64 李存：《俟庵集》卷二《金溪尹德政詩》，景印文淵閣四庫全書本。
65 虞集：《道園學古錄》卷三五《吉安路三皇廟田記》。
66 《廟學典禮》卷一《省台復石國秀尹應元所獻學田》。
67 危素：《危太朴文集》卷《樂平州慈湖書院贍學田記》。

州路學、臨汝書院、臨江路學等亦有相當數量的學田是宋代舊有學產。二是官府撥給。元朝規定，無學田的官學、書院，由官府從荒閒田土中酌情劃撥。江西在南宋時期已是人稠地狹，估計以荒閒田撥作學產的情況不多。三是私人捐獻。元代江西士人熱衷辦學，私人捐田助學的情況很普遍。如盧陵鄧明遠以其所得賞田之半捐給吉安路三皇廟學（醫學），弋陽藍山書院的學田來自張卿弼父子的購置及鄉里的捐贈，富州貞文書院的學田亦是鄉里好義者所捐。元代江西的新增學田，尤其是新建書院的學田多源於這種方式。四是購置民田，如南康路白鹿洞書院在元中期「視學田之入而節縮其冗泛，計其資之積可易民田百畝」，南康路教授王肖翁「乃能親行田，視其肥磽去取之，故所得皆上壤」[68]，即該書院以己力購置民田百畝。江西的這些學田並非全係官田。來源不同，性質亦不同。若繼承自宋代或由官府撥給，則為官田；若係民間捐贈或書院購置，則為民田。

職田：職田是元代官吏俸祿的組成部分。元下江南後，於至元十五年（1278 年）七月，「定江南俸祿職田」[69]，至元二十一年（1284）五月，再令江淮閩廣「於無違礙系官荒閒地內」撥付官員職田[70]。江西部分官員擁有職田，如新城縣（今黎川縣）的職田比較荒瘠[71]；臨川縣尉一度沒有職田，後經縣尉張雯向行省

68　虞集：《道園學古錄》卷七《白鹿洞書院新田記》。
69　《元史》卷十《世祖紀七》。
70　《通志條格》卷十三《祿令‧俸祿職田》。
71　雍正《江西通志》卷六二《名宦六‧建昌府‧王暄》。

力請，獲得了一頃原屬於路治中的職田[72]。據弘治《撫州府志》，南宋理宗時期（1234-1264 年），臨川縣有職田三十四頃二十四畝，金溪縣有二十八畝多，元代撫州的職田很可能與前朝有淵源關係。總體說來，江西職田數量不多，且呈現日益減少的趨勢，如撫州路五縣的地方官到元中後期均沒有職田了。職田屬於官田，一般與民田無涉。

屯田：元代江西地區有一處軍屯，即贛州路南安寨兵萬戶府屯田，起因是贛州路所轄信豐、會昌、龍南、安遠等處，「賊人出沒」，成宗大德二年（1298 年）正月，「以發寨兵及宋舊役弓手，與抄數漏籍人戶，立屯耕守，以鎮遏之」[73]。這處軍屯共有三二六五戶，五二四頃六十八畝土地。同年，還在吉安立屯田，情況不詳。另，至元二十六年（1289 年）十月，贛州胡海抗元失敗，湖廣行省令其率部眾屯田自給。因十月已過農時，為防止其再反，贛州路發米一八九〇石賑之。胡海屯田之地不詳，有可能在贛州。吉安屯田與胡海屯田的性質不清，但無論軍屯民屯，土地均屬官田。因屯田主要以荒閒田地為之，而江西此類田土有限，故屯田規模不大。

賜田：賜田是皇帝賜給貴族、官僚以及重要寺觀的土地。元代的賜田多分布在北方和江浙，江西境內不多，主要有至大二年（1309 年）將江州稻田五〇〇〇畝賜予度支院使鐵哥，泰定三年

72　吳澄：《吳文正公全集》卷十九《臨川縣尉司職田記》。
73　《元史》卷一百《兵志三》。

（1326 年）以吉安、臨江二路田千頃賜大天源延聖寺，後至元元年（1335 年）撥廬州、饒州牧地一〇〇頃賜宣讓王貼木兒不花，其中饒州牧地數量不詳。賜田是官田，屬國家所有，受賜者只享有土地收益。

沒官田：戶絕、無主或因犯罪而沒收的田地均為沒官田。江西地區有部分這樣的土田，如宜黃、樂安二縣百姓「帶耕沒官之田，田薄而賦重，倍於正數」[74]。沒官田是官田，其收益歸國家。

各地官田所占比例不一。低者如上高縣，其民田的稅糧是二四八九二石餘，官田稅糧只有八九〇石多[75]，後者僅為前者的百分之三點六；若再將官田稅率遠遠高於民田的因素考慮在內，官田的面積比率將更低。高者如臨川縣，其民田稅糧三〇五五六石，官田稅糧一八二五四石，後者占前者的百分之六十。金溪縣民田稅糧一六七九四石，官田稅糧四二三八石，後者為前者的百分之二十五，居於二者之間。

學田、職田、沒官田等官田的經營一般採取出租的形式，既有分成租，亦有定額租。分成租的租率一般在「什五以上」[76]，即超過百分之五十。定額租是在分成租的基礎上，為刺激佃種人戶的生產積極性而派生出來的，臨川縣尉的一頃職田，「歲收之

74　虞集：《道園類稿》卷四三《天水郡侯秦公神道碑》。
75　嘉靖《上高縣誌》卷上《賦產・田賦》。
76　吳澄：《吳文正公全集》卷二八《題進賢縣學增租碑陰》。

米以斗計可三百五十有奇」[77]，即屬定額租。

　　官田租佃既有農戶分別承租，亦有包佃。包佃有自願的，也有強制抑配的。學田以自願包佃者多。學官、豪民等常憑藉權勢或地位，通過包佃，大肆侵占學田租入。曾任江西行省長官的姚燧說：「江南學田，……又有身為教官，自詭佃民，一莊之田，連亙阡陌，每歲入租，學得其一，已取其九。」[78]姚燧所言是學官包佃學田。鉛山州知州李榮祖任內曾「革豪戶之撲佃（學田）者」[79]。「撲佃」即包佃。可見，鉛山學田是由豪民包佃。對於職田，因地租率偏高，且不論豐歉，均足額收取，承佃者難以承受，往往逃亡，於是「官抑配於富戶以取贏焉」[80]，即強制富戶租佃職田。至於大德五年（1301 年）中書省的一份公文所言「江南各處見任官吏，於任所佃種官田，不納官租，及奪占百姓已佃田土」[81]，所指可能既有學田，又有沒官田。

　　在江西，居於主體地位的還是民田，其中既有普通農戶的田土，還包括學田和寺觀田中的自購或捐贈部分以及助役田。所謂助役田，是一定範圍的百姓為了津貼當役者而共同捐出的田地。倡立助役田起於宋代，最初是民間的自發行為，英宗至治三年（1323 年）四月，元廷正式下令：「行助役法，遣使考視稅籍高

77　吳澄：《吳文正公全集》卷十九《臨川縣尉司職田記》。

78　姚燧：《牧庵集》卷五十《崇陽學記》。

79　程端禮：《畏齋集》卷五《鉛山州修學記》。

80　吳澄：《吳文正公全集》卷二八《題進賢縣學增租碑陰》。

81　《通制條格》卷十六《田令‧佃種官田》。

下，出田若干畝，使應役之人更掌之，收其歲入以助役費，官不得與。」[82]泰定（1324-1328年）初，助役法略有改變，且更加明確，規定「江南民戶有田一頃之上者，於所輸稅外，每頃量出助役之田，具書於冊，里正以次掌之，歲收其入，以助充役之費。凡寺觀田，除宋舊額，其餘亦驗其多寡，令出田助役焉」[83]。這次規定明確要求出助役田者是擁有土地一頃之上者，寺觀則在宋代舊有土地之外按一定比例劃撥助役田。這些土地最初均是民田，變為助役田後，性質不變。江西部分地區有助役田，如盧陵王思道，「民困徭役，公乃義以濟之。首捐田五十畝倡，以次出有差。共得田二百五十畝，歲收粟五百石以供科役」[84]；太和蕭如愚，「嘗捐田三百石助里人役費」[85]；安仁縣的助役田則由徐某倡首，眾人相和，「出多出少由厚薄，若小若大皆歡愉」[86]。

江西的普通農戶中有自耕農，亦有田連阡陌的大地主。前者如吉安永豐的余湘，「躬耕五畝之田以為生，終三時，無一隙」。因其精耕細作，「以深耕勝廣畝，畝常收二畝半」[87]，逐漸富裕起來。金溪危永吉躬耕田畝而不足以贍養妻兒，遂以醫術補貼家

---

82 《元史》卷二八《英宗紀二》。

83 《元史》卷九三《食貨志一》。江南有些寺觀在元代獲賜官田，按泰定初的助役法，這部分官田似同樣應按比例劃撥助役田。考慮到獲賜官田的寺觀多具權勢，且常常免役，故從寺觀官田中劃撥助役田的可能性不太大。

84 王禮：《麟原文集》卷二《照磨王公墓誌銘》。

85 劉岳申：《申齋劉先生文集》卷十一《蕭明熙墓誌銘》。

86 李存：《番易仲公李先生文集》卷四《義役謠》。

87 劉岳申：《申齋劉先生文集》卷八《余士南墓誌銘》。

用。後者如金溪縣眉山裡曾斗南，「身督耕桑不少懈，且示人以恩信」，看來是個擁有大片耕地與山林，且宅心仁厚的地主。因地租收益豐厚，曾家在經歷宋元更替的社會動盪後，不久就「故物完復如初」[88]。吉安的賀良權「有田入稻歲萬石」[89]，毫無疑問是個大地主；上饒徐耕道「督奴灌畦」[90]，可能土地與佃僕亦不少。

　　與官田一樣，民田的地租亦有分成租、定額租兩種形式。分成租一般是五五分成，超過則顯太重，正如吳澄所說：「惟豪民私占田，取其什之五以上，甚矣其不仁也。」[91]包括江西在內的江南，許多地方民田的私租較重，地主索要分成較多，以致大德八年（1304 年）成宗特下詔旨：「江南佃戶承種諸人田土，私租太重，以致小民窮困。自大德八年，以拾分為率，普減貳分，永為定例。」[92]這道詔旨最後是否得到貫徹，不得而知。至於定額租，可能不如分成租普遍。金溪縣厚賽院僧人守敬「作佛事受施，所入節衣縮食，得田五十石」[93]。此處以租額作為田地的計量單位，顯然是定額租。前述太和蕭如愚所捐助役田亦採取定額租的形式。

　　江西的官民田一般收取實物地租，可能也存在貨幣地租。如

88　李存：《俟庵集》卷二三《曾存心行實》。
89　陳旅：《安雅堂集》卷七《東齋記》。
90　戴錶元：《剡源戴先生文集》卷十七《徐耕道遷葬碣》。
91　吳澄：《吳文正公全集》卷二八《題進賢縣學增租碑陰》。
92　《通制條格》卷十六《田令・江南私租》。
93　危素：《危太朴續集》卷一《金溪縣厚賽院置田記》。

臨川縣尉的一頃職田，年收米三五〇多斗；崇仁縣平糴倉、平濟倉以「早晚田八千把，收其租」[94]作為儲備糧的來源，均屬實物地租。而樂安縣的沒官田，因樂安山路崎嶇，百姓納租不便，經撫州路總管秦起宗向行省申請，官田之租以「時估折價，稍寬其轉輸」[95]。元代樂安縣的民田秋糧多次改收輕賫（鈔），此處官租以「時估折價」，可能也是將實物改為貨幣，以減輕佃種者的轉輸重負。此類貨幣地租在江西地區當屬少見。

綜上所述，元初江西沿用故宋土地籍冊，延祐二年（1315年）進行了全面的土地清丈，此外還有區域性的核產努力，但始終無法解決田土登記不實以及由此產生的賦役不均的社會問題。江西地區以民田為主，官田所占比例不大；租入分配既有分成租，又有定額租；所繳地租一般為實物。

三　賦役狀況

元代的賦役包括稅糧、科差、雜泛差役、和雇和買諸多名目。江南的賦役制度與北方多有不同，江南三行省之間亦有所不同。下文試就元代江西地區的賦役狀況略作陳述。

首先是稅糧。元代江南的稅糧制度總體上繼承了南宋的夏、秋兩稅。前文已述，元朝在征服江南的過程中，注意保護和接收南宋的各類籍冊，其後徵收秋糧，總體上以南宋版籍為基礎。延

94　雍正《崇仁縣誌》卷四《名宦傳・重喜》。
95　虞集：《道園類稿》卷四三《天水郡侯秦公神道碑》。

祐七年（1320 年），元廷決定，「除福建、兩廣外，其餘兩浙、江東、江西、湖南、湖北、兩淮、荊湖這幾處，驗著納糧民田見科糧數，一門上添答二升」[96]，即江西等行省的民田秋糧在原來的基礎上加收百分之二十。有學者懷疑這次增收兩分稅糧是否真正實行[97]。現查明、清兩代江西方志，撫州臨川、崇仁、金溪三縣在南宋嘉定年間（1208-1224 年）的民田稅糧分別為三五五五九石、二二○七二石和一九○七○石，元代則只有三○五五六石、一九一一○石和一六七九四石，較南宋分別減少了百分之十四、百分之十三和百分之十二[98]。上高縣宋代「苗正額二萬八千九百六石三斗八升」，除去馬料谷正米、義倉米、官兵請俸糧等後，「實催一萬六千七百四十七石一升八合五勺五抄一撮」。元代，該縣「總科二萬四千八百九十二石二斗五升九合」[99]，除去蒙山課銀工本糧六千九百五十四石一斗」後，「實征一萬七千九百三十八石一斗口升九合」，稅糧總額較宋代亦略有減少。道光《宜黃縣誌》在論及宋、元兩朝本縣四次驟增田賦時，亦並沒有

96　《元典章》卷二四《戶部十・租稅・科添二分稅糧》。

97　參閱陳高華、史衛民著《中國經濟通史・元代經濟卷》，第 554-555 頁。

98　弘治《撫州府志》卷十二《版冊二・貢賦・秋稅》。「石」之後的「升」「斗」等餘數均被略去。

99　嘉靖《上高縣誌》捲上《賦產・田賦》，康熙《上高縣誌》卷三《戶田志》。崇禎《瑞州府志》卷十《戶田志一・田賦》載至治二年（1322年）上高縣「田糧」計「三萬五百三十六石九斗」，較前二者所載為多。此處存疑。

提及這次增收二分稅糧之事[100]。可見，前述懷疑是正確的。

　　南宋時期，江西部分秋稅折收綿、絹等雜物。至元十九年（1282 年），經高安人姚元建議，江南稅糧依南宋舊例，依然折輸綿、絹等雜物。當年二月，元廷明確規定，江南稅糧輸米三分之一，其餘折納中統鈔。但是，因朝廷對木綿布的需求量大，江西又是重要的木綿布產地，至元二十九年（1292 年），元廷規定江西行省「於課程地稅內折收木綿白布，已後年例必須收納」[101]，即部分賦稅折收木綿布。史料反映，成宗元貞元年（1295 年），吉州、撫州等路的部分稅糧即是折收木綿白布[102]。元貞二年（1296 年），定江南夏稅之制，於是秋稅只輸糧，改以夏稅折輸木綿、布、絹、絲綿等物，或隨時價改征中統鈔，但江西不在開徵夏稅之列，故未執行秋糧全部輸米的規定。如至大三年（1310 年），建昌路部分稅糧折收木綿布七〇〇〇匹，吉安路萬安、永豐等縣亦有折收[103]。官府折收木綿布時，有時要求百姓另交商稅，如建昌路折收七〇〇〇匹木綿布，商稅為至元鈔十四錠，萬安縣則為至元鈔二錠二十兩餘。若折收的木綿布、絹、綿等物色非當地所產，還可依價折鈔繳納，如「撫境地稅，戶部賦

---

100 道光《宜黃縣誌》卷十《田賦志》。宋、元兩朝，宜黃縣田賦四次驟增的時間分別是北宋熙寧五年（1072 年）方田均稅、紹聖年間（1094-1098 年）籍沒豪產、元代的延祐二年（1314 年）經理田畝以及至正後期陳友諒漢政權控制期間。

101 《元典章》卷二六《戶部十二・科役・和買・體察和買諸物》。

102 《元典章》卷十四《吏部八・公規二・差委・路官州官通差》。

103 《元典章》卷二二《戶部八・免稅・折收物色難議收稅》。

木綿織布，民病非所產，即令輸直」[104]，即撫州秋稅折納的木綿布非當地所產，於是折收鈔兩。此外，一些地處偏遠、山路崎嶇的州縣，經過體恤民瘼的地方官員力請，秋糧亦可權宜折納貨幣。如「樂安僻在萬山間，輸租負肩阻且艱……胙舻不達羊腸迂」[105]，經邑義士王順初、縣主簿吳肯和達魯花赤夑理溥化的努力，元代曾幾度將該縣的秋糧折收鈔兩，其中一次延續達二十餘年。元仁宗初，江西行省右丞郝天挺因為宜黃、武寧、新城（今黎川縣）、廣昌等縣「地依山，民輸官負擔六七百里」，也曾建議這些縣的秋糧「當折納錢」[106]。

關於秋稅的徵收額度，沒有固定標準。《元典章》有言，江南地區向來是「田地有高低，納糧底則例有三、二十等，不均勻一般」[107]，即江南田土肥瘠差異太大，每畝徵收的稅糧數難以劃一。元末，江西中部「各縣民田一畝科糧不過四升」[108]；撫州宜黃縣，元末每畝科糧七升八合，屬於較高的稅率；贛北的瑞昌縣，明初每畝稅糧自五升餘起科[109]，估計元代與此相去不遠。故，元代江西民田每畝科糧多不超過一斗。官田的稅率遠高於民田。吳澄說：「什一中正之賦，通古今可行，至今官之取於民者

---

104 馬祖常：《廣平路總管邢公神道碑》，見蘇天爵編《元文類》卷六七。

105 康熙《樂安縣誌》卷三《田賦志・輕齎》。

106 劉岳申：《申齋劉先生文集》卷二《送郝右丞赴河南序》，元代珍本文集彙刊本。

107 《元典章》卷二四《戶部十・租稅・科添二分稅糧》。

108 道光《宜黃縣誌》卷十《田賦志》。

109 隆慶《瑞昌縣誌》卷三《賦役志・貢賦》，天一閣藏明代方志選刊本。

不過此。惟豪民私占田，取其什之五以上，甚矣其不仁也。而近世公田因之，亦什五以上。」[110]即民田的稅率約為 10%，私租超過 50%，官田的稅率亦超過 50%。臨川縣尉司的 1 頃職田，歲收米 350 石，以出米率 70% 計算，每畝租谷約為 5 斗。分宜縣學田 1 頃 23 畝餘，歲租 73 石多，每畝收租 6 斗左右，與臨川尉司職田相差不多。如果以前述民田租率約為 10%，繳糧多不超過 1 斗計，當時江西土地畝產量多不超過 1 石（本章下節對此有詳述），那麼，兩地官田租率確實在 50% 以上。但是，當時江西許多地區的官田租率遠遠高於臨川、分宜兩地。元後期，江西中部「各縣民田一畝科糧不過四升」，「官田每畝科糧一石」[111]，官田稅率是民田的 25 倍。更有甚者，元末宜黃縣官田每畝科糧 3 石 7 斗多，是民田（每畝科糧 7 升 8 合）的 47 倍。即使是水肥、光照等條件最好的農田，如此高的稅率也是佃種者無力承擔的，故宜黃民眾疲於應命。另，有些具有公益性質的民田租率亦很高，如廬陵的 250 畝義役田，歲租 500 石[112]，計每畝收租 2 石，其租率甚至高於許多官田。

元代江西地區的秋稅總額不明。據《元史・食貨志一》，元中期，天下歲入糧 12114708 石，其中江西行省 1157448 石，占總額的 9・55%，次於江浙行省的 4494783 石、河南行省的

---

110 吳澄：《吳文正公全集》卷二八《題進賢縣學增租碑陰》。
111 道光《宜黃縣誌》卷十《田賦志》。
112 王禮：《麟原前集》卷二《照磨王公墓誌銘》。

2591269 石和腹里地區的 2271449 石而居第四位。考慮到贛東北隸屬江浙行省的饒州、信州，雖為重要產糧區，但二州的秋糧總額不一定高於屬於江西行省的嶺南八路二州，故，估計元代江西地區的秋稅占全國總額的 9% 至 10% 應該沒有問題。這一比率低於北宋的 1／4 和南宋的 1／3[113]，反映了元代江西地區糧食地位的下降。

元代江西部分路州縣稅糧總額較宋代變化不大，如南豐在咸淳年間（1265-1274 年）的秋糧是 12727 石餘，大德時期（1297-1307 年），正租（引者註：可能是民田稅糧）12088 石餘，另有官田租糧 2000 多石①，比南宋末期略有增加。有些路州縣稅糧額較宋代則有很大增加。主要增加在兩個時期，一是「延祐經理」期間，二是陳友諒漢政權控制江西期間。前者可以撫州路宜黃縣為例。該縣淳熙元年（1174 年）官民田稅糧總額為 13894 石，延祐二年（1314 年）經理田畝時，負責江西經理事宜的你咱馬丁「橫加酷虐，甚至撤民廬舍，倍增頃畝」，使該縣稅糧較淳熙舊額驟增 25100 石左右，達到 38941 石多②。此次所增主要是包括學田、屯田、職田等在內的官田稅糧。撫州五縣中，除金溪外，其餘四縣的官田稅糧均有不同程度的增加，詳見下表：

113 許懷林：《江西史稿》，江西高校出版社 1998 年版，第 270-271 頁。

	南宋嘉定（1208-1224年）官田稅糧數（石）	元代官田稅糧數（石）	宋元官田稅糧變化率（以嘉定數字為100)
臨川	16872.77	18254.2	108.19
崇仁	6239.01	7541.9	120.89
宜黃	876.48	25816.44	2945.47
金溪	4375.23	4238.29	96.87
樂安	3870.63	20772.27	536.66
合計	32234.12	76623.1	237.71

資料來源：弘治《撫州府志》卷十二《版冊二・貢賦・秋稅》。

說明：原書南宋數字稱「屯田苗米」，元代數字稱「官屯租米」，二者均為官田稅糧。該志雖未標明所收稅糧的時間，但通過與道光《宜黃縣誌》等撫州各縣縣誌比對，可知所載是元中期的田賦數字。為方便計算，「升」之後的「勺」「合」等餘數均被略去。

　　上表顯示，除金溪縣官田稅糧略有下降外，臨川、崇仁兩縣增加不多，樂安縣有大幅增加，而以宜黃增加最多，該縣的官田稅糧是南宋時期的近三十倍，全路的官田稅糧則是南宋的近二點四倍。同樣的情況可能也出現在「延祐經理」期間發生激烈民眾反抗的贛州寧都、雩都等地。

　　陳友諒漢政權控制江西期間，許多路州縣被加派稅糧，以龍興、瑞州、袁州為最。龍興路南昌縣，「宋稅苗米三萬八千七百八十四石四斗六升，元仍宋額」，經過加派後，洪武年間（1368-1398 年），「歲征秋糧官米一萬六千三百六石九斗五升一合三勺，民米十一萬二百二十三石三升五合三勺，派帶夏稅米麥二百

六十七石九鬥一升九合五勺，共一十二萬六千七百九十八石一斗七升六合一勺」[114]，其中官民田秋糧約為宋代的三點二六倍。瑞州路上高縣，元代稅糧二八○○○多石，加派後增為四九○○○多石[115]，後者是前者的一點七五倍。民國《南昌縣誌》編修者稱，元代三路除武寧外，其餘州縣視「宋額皆浮加三倍」[116]。所言雖有浮誇，但基本反映了加派的事實。除上述三路外，其他地區受漢政權控制期間，亦有加派稅糧者。如至正二十年（1260年），陳友諒漢政權所委撫州同知周復初在宜黃縣清查田糧，因索賄不得，給宜黃加賦一萬九百多石，使該縣稅糧增至四九九三二石。

元代江西民眾的秋稅負擔中有一事必須提及，即量器的問題。至元十九年（1282 年），元廷規定江南「其輸米者，止用宋斗斛」[117]，後改用省斛，但納糧數不變。改用省斛的具體時間不詳，應當在至元十九年以後的世祖時期（1282-1294 年）。宋斛即文思院斛。從現有記載看，元代省斛與宋文思斛之間存在三種比例，一是文思院斛一石折省斛七斗，即十：七，二是省斛一石抵文思院斛一點五石，即十：六點六六，三是省斛與文思院斛容

---

114 民國《南昌縣誌》卷十《賦役志上・稅糧》。志書未明言洪武年間稅糧較宋代大增是陳友諒控制期間驟增所致，但從「元仍宋額」四字可知，元朝統治期間，該縣稅糧沒有大幅增加。

115 嘉靖《上高縣誌》捲上《賦產・田賦》。

116 民國《南昌縣誌》卷十《賦役志上・稅糧》。

117 《元史》卷九三《食貨志一》。

量之比為十比六點八五[118]。江西「收糧的斛比亡宋文思院斛收糧的斛抵一個半大有」[119]，即省斛與文思院斛之比為十比六點六六。這意味著，在納糧數額不變的情況下，元代所納秋糧實際比南宋時期增加百分之五十。此外，民眾納糧時還要帶繳儲運過程中的損耗及倉官、庫子等人的薪酬，稱「鼠耗、分例」，其數額是「江南民田稅石，合依例每石帶收鼠耗、分例七升」[120]，即加收百分之七。

再看夏稅。元下江南之初，除江東、浙西外，其餘地區只征秋糧，不收夏稅，故江西地區的饒州路、信州路（含後來設置的鉛山州）和婺源州徵收夏、秋兩稅，其餘路州只征秋糧。元貞三年（1297 年）起，浙東、福建、湖廣起征夏稅，江西行省仍在免徵之列[121]，原因是江西收糧用省斛，百姓負擔較用宋文思院斛的地區更重，即「元行初江西以省斛，較文思院斛，民多納米三斗奇，故免夏稅」[122]。但是，元中期，江西行省還是起徵了夏稅，具體時間不詳。夏稅以秋糧為基礎折收貨幣，「糧一石或輸

---

118 參閱陳高華、史衛民著《中國經濟通史‧元代經濟卷》，第 557-560 頁。

119 《元典章》卷二四《戶部十‧租稅‧起征夏稅》。

120 《元典章》卷二一《戶部七‧倉庫‧收糧鼠耗分例》。

121 參閱陳高華、史衛民著《中國經濟通史‧元代經濟卷》，第 559-561 頁。此次定江南夏稅之制而江西免收，還見於杜春生輯《越中金石記》卷七《紹興路嵊縣尹佘公遺愛碑》（清道光刊本）、劉岳申《申齋劉先生文集》卷十一《元故奉議大夫泉州路總管府推官周君墓誌銘》、雍正《江西通志》卷六十《名宦四‧瑞州府‧竇都沙》等篇。

122 杜春生輯：《越中金石記》卷七《紹興路嵊縣尹佘公遺愛碑》。

鈔三貫、二貫、一貫，或一貫五百文、一貫七百文」[123]。江西有些地區的夏稅率相當高，如糧一石輸鈔三貫者，有龍興等路。《元史》載，夏稅是針對民田而言，官田因稅率遠高於民田，故不科夏稅，但從文獻記載分析，有些官田亦收夏稅[124]。弘治《撫州府志》在記載全路及五縣的「官屯租糧米」之後，均有「租錢」一項，很可能是官田的夏稅[125]。天歷元年（1328 年），江南三省的夏稅總計中統鈔一四九二七三錠三十貫，其中江西行省五二八九五錠十一貫，占總數的百分之三十五點四四。具體到各路州縣，夏稅情況不詳，目前只知道極少州縣的夏稅額，如寧都州的夏稅為中統鈔六五五錠十一兩一錢三釐。

除秋糧、夏稅外，科差亦是民眾的負擔。元代科差最初有絲料和包銀兩項[126]，主要針對北方民眾徵收。元下江南後的至元二十年（1283 年），將針對投下封戶收取的絲料改為戶鈔，即「敕諸王、公主、駙馬得江南分地者，於一萬戶田租中輸鈔百錠，准中原五戶絲數」[127]，這就意味著，封戶每戶出鈔五〇〇文給投下主（封主）。但是，此項戶鈔是由中央的萬億庫向各投下主發

---

123 《元史》卷九三《食貨志一‧稅糧》。

124 參閱陳高華、史衛民著《中國經濟通史‧元代經濟卷》，第 570-571 頁。

125 弘治《撫州府志》卷十二《版冊二‧貢賦》。撫州全路的「租錢」是一八〇錠四十一兩多，金溪縣則只有一錠四兩。若此項為民田夏稅，顯然太少，故可能是官田的夏稅。

126 北方的科差後來增加俸鈔一項，作為官員的俸祿，實是包銀的擴大。因江南地區的官員多有職田，此項俸鈔沒有在江南實行。

127 《元史》卷十二《世祖紀九》。

放，是元廷從國庫中撥出的款項，換言之，戶鈔並未成為江南民眾的實際負擔。至元三十一年（1294年），新近即位的元成宗為籠絡諸王，江南戶鈔由五〇〇文增到二貫（2000文），依然是「不宜增賦於民……從今歲官給之」[128]，即仍由國庫支出。所以，戶鈔不是一項正式向江西民眾徵收的賦稅，江西的地方誌中根本見不到此類記載。

至於包銀，始於延祐七年（1320年）。這年四月，元廷規定，江南「除與人作佃、庸作、賃房居住、日趁生理、單身貧下小戶不科外，但是開解庫、鋪席、行虹、做買賣、有營運股實戶計，依腹裡百姓在前科差包民（銀）例，每一戶額納包民（銀）二兩，折至元鈔一十貫」[129]，同時還規定「課回回散居郡縣者，戶歲輸包銀二兩」[130]。可見，此次徵收包銀的對像是江南開典當鋪、旅店、做買賣等商人戶計以及散居全國郡縣的回回人戶（引者註：元代的回回人主要指當時中國境內信奉伊斯蘭教的阿拉伯人、波斯人以及中亞的突厥各族人，多從事商業）。這是因為，沒有土地的商人只承擔了稅率較輕的商稅，無須繳納夏稅、秋糧，負擔比普通民戶輕。包銀徵收的標準是每戶二兩（至元鈔10貫），實際徵收時，並非按戶均攤，而是「驗著各家物力高下，品答均科」[131]，即依資產高下承納不同數額，平均每戶為二

---

128 《元史》卷十八《成宗紀一》。
129 《元典章》卷二一《戶部七‧錢糧‧科征包銀》。
130 《元史》卷二七《英宗紀一》。
131 《元典章》新集《戶部‧差發‧回回當差納包銀》，《戶部‧差發‧江南無田地人戶包銀》。

兩。

　　包銀令下，在江南許多地方造成很大騷動，如饒州路「立局籍民數，多或徵其十倍，少亦倍於元科」[132]，大大增加了民眾負擔。部分州縣則基本按規定辦理，民不受大擾。如上高縣繳納包銀的南人商人有一○三戶，繳銀二○八兩，折至元鈔一○四○貫（20 錠 20 貫），略高於徵收標準；回回一戶，納銀二兩，折至元鈔十貫，是按標準徵收。贛州路錄事司錄事許晉孫「鉤校物力之薄厚以應令，民用不擾」[133]，即依產狀況分攤包銀，百姓安輯。崇仁縣則是「令民自推，擇事末利而贍者乃與征」，百姓同樣「晏然無動搖」[134]。泰定二年（1325 年），因江南包銀病民太甚，經吳澄等人建議，包銀被取消。至此，江南包銀共實行了五年，其中全額徵收的只有一年（至治元年，1321 年），半額徵收的亦是一年（延祐七年，1320 年），其餘三年均免徵[135]。但是，回回人戶的包銀一直保留下來。

　　總體說來，科差沒有成為元代江西民眾的沉重負擔，病民更甚的是雜泛差役與和雇和買。所謂「雜泛」，指各種無償力役，包括出人夫、車牛、船隻等，用於遞送官物、修造城池官舍、疏濬溝渠、修築堤防等。「差役」則指各種職役，用於協助官府執

132 黃溍：《金華黃先生文集》卷三一《正奉大夫江浙等處行中書省參知政事王公墓誌銘》。
133 黃溍：《金華黃先生文集》卷三三《茶陵州判官許君墓誌銘》。
134 吳澄：《吳文正公全集》卷三九《故承直郎崇仁縣尹胡侯墓誌銘》。
135 參閱陳高華、史衛民著《中國經濟通史‧元代經濟卷》，第 613 頁。

行某些職能，如催徵賦稅、禁止非法等。嚴格說來，元代差役只有六種，即里正、主首、隅正、坊正、倉官和庫子；元中後期，本為勸農而設的社長兼具部分職役性質[136]。元成宗繼位後，尤其是大德七年（1303 年）以後，朝廷多次申明，除邊遠出征軍人和大都、上都間諸驛站的站戶外，其餘戶計均應承擔雜泛差役。但在實際執行過程中，儒戶、僧道戶、投下戶等常受免役的優待，承擔雜泛差役的主體是民戶，其他戶計人數較少。差派雜泛差役的總體原則是「先富強，後貧弱」[137]，即根據資產和丁口狀況進行攤派[138]。如金溪縣「戶役一以資產高下為等第，來歲之役定於歲杪。數戶俱差，則考驗其力，以多寡其日分，如衡之平，無所低昂」[139]，靖安縣亦是「驗戶籍高下，以次受役」[140]。

先說說江西雜泛（力役）的承充之法。以贛州路贛縣為例。至大三年（1310 年），贛縣奉命起架浮橋，以利使者往來和官物轉輸。贛縣丞靳孟亨籍各鄉下等戶二三〇〇家，令其依據稅糧多寡，共造大小船三〇〇只，起架浮橋。各船的尾部署上船主姓名，由船主負責維修與更新。所有船隻被分為三等，每十船編為一甲，有事則集，無役散歸，約十年輪役一次。其他力役亦「以

---

136 參閱陳高華、史衛民著《中國經濟通史・元代經濟卷》，第 683-691 頁。
137 《通制條格》卷十七《賦役・科差》。
138 參閱陳高華、史衛民著《中國經濟通史・元代經濟卷》，第 683-691 頁。
139 吳澄：《吳文正公全集》卷十九《廉吏前金溪縣尹李侯生祠記》。
140 吳澄：《吳文正公全集》卷三九《故承直郎崇仁縣尹胡侯墓誌銘》。

糧為差等」,「上焉以供海運」,「下則供雜泛之勞」[141],即差派上等富裕戶轉運漕糧,因這類力役耗時長且花費大,下等貧弱小戶只承當修築、建造等所費無多的力役。可見,贛縣民戶無論貧富,均要承當力役;差派的依據是稅糧,原則上稅糧多者承當重役,少者承擔輕役。饒州路的情況與此類似。至元二十四年(1287 年),饒州路裝運二〇〇〇〇石米前往鄂州,官府規定,「每米伍伯石,差上戶一名充押運頭目」[142],也是以稅糧為依據,用上戶承充轉運重役。

關於江西諸職役的承充之法,以里正、主首最為明確。大德七年(1303 年),江西行省改革里正、主首承充辦法,以解決差役不均的弊端。茲將該公文節錄如下:

親民州縣提調正官、首領官吏將本處概管見科稅糧薄(引者註:當作「簿」)籍從實挨照每鄉都諸色戶若干,內稅高富實戶若干,稅少而有蓄積人戶若干,並以一石之上為則,一體當役。若有稅存產去而無蓄積者及一石之下人戶,俱不在當役之限。每一鄉擬設里正一名,每都主首,以上等都分擬設四名,中等都分擬設三名,下等都分擬設二名,依驗糧數,令人戶自行公同推唱供認。如是本都糧戶極多,願作兩三年者,亦聽自便。上下輪

---

141 蘇天爵:《滋溪文稿》卷七《大元贈中順大夫兵部侍郎靳公神道碑銘》。

142 《元典章》卷二一《戶部七・倉庫・押運・糾察運糧擾民》。

流，周而復始，仍每年於一鄉內自上戶輪當，一鄉里正、各都主
首如自願出錢僱役者，聽從自便。如該當之人願自親身應役者，
亦聽。仍從百姓自行推唱定願認役人戶糧數、當役月日，連名畫
字入狀，赴本管州縣官司更為查照無差，保勘是實，置立印押簿
籍，一本付本都收掌，一本於本州縣收掌，又一本申解本路總管
府，類申行省，牒呈本道廉訪司照驗，嚴加體察，永為定例，再
不動搖更換。官司不許非理干預騷擾。[143]

據上引公文，江西行省是依據納糧數劃定承擔里正、主首的
人戶範圍，凡納糧一石以上者均應承充，貧弱小戶無需承當；行
省境內，每鄉設里正一名，上等都設主首四名，中等三名，下等
都只設二名；輪派時，由各鄉都人戶自行排定，以上戶為始，一
年為期，上下輪流，周而復始，糧多之戶可自願連任兩三年；不
願親身應役者，可出錢僱役；里正、主首排定後，置印押簿籍三
份，分別交由本都、本州縣和本路總管府收掌，以便監督執行。
贛東北隸江浙行省的饒州路差派里正、主首亦是「第物力有高下
之不同」，但與江西行省略有差異。江西行省是依稅糧數確定承
充人員，饒州路則是「驗田之多寡」[144]，即以田土作為差充依
據。

---

143 《元典章》卷二六《戶部十二・賦役・戶役・編排里正主首例》。
144 黃溍：《金華黃先生文集》卷三一《正奉大夫江浙等處行中書省參知
　　政事王公墓誌銘》。

元代江西隅正、坊正、倉官、庫子的差充方法不甚明了，但有一點與里正、主首是一致的，即盡量從富裕人戶中選擇，以便在出現虧空短少時，任職者有能力賠補，也可避免貧弱小戶因之傾家蕩產。元朝規定，庫子應「有抵業」[145]，故元初江西「擇民甲戶主倉庫」[146]。如臨川人艾聖傳，家境優裕，曾主管撫州路倉庫[147]。至元三十一年（1294 年），江西行省協同江南行台陳告：「南方稅家子孫相承，率皆不曉事務，唯以酒色是娛，家事一委干人。歸附之後，捉充倉庫官，並不諳練錢谷，又不通曉書算，失陷官錢。追陪之後，破家蕩產。虧官損民，深為未便。」[148]即許多富戶承充倉官、庫子後，由於賠補虧空，往往傾家蕩產。為此，元廷將廣濟庫副使、各路倉庫大使、副使、秤子等責任重大的倉庫官改由吏員、曾在官府任事者或殷實的金銀匠戶等充任，以部分解決普通人戶不諳曉「錢谷書算」的問題。但是，多數倉官、庫子仍作為職役，由富裕人戶充任。元貞二年（1296 年），南方庫子是「於稅糧參石之下戶內差充」[149]。大德三年（1299年），元廷又進一步將各司、縣的祗應倉官、廣盈庫子都改由「司縣有抵業見役請俸司吏內公選」[150]，大德九年（1305 年）再

145 《元典章》卷十二《吏部一‧庫子‧定差庫子事理》。
146 虞集：《道園學古錄》卷十五《戶部尚書馬公墓碑》。
147 虞集：《道園類稿》卷四八《艾聖傳墓誌銘》。
148 《元典章》卷九《吏部三‧官制三‧倉庫官‧選差倉庫人員》。
149 《通制條格》卷十七《賦役‧差撥祗候》。
150 《元典章》卷十二《吏部六‧吏制‧庫子‧定差庫子事理》。

定「江北及行省所轄路分庫子，依已擬於司縣司內差補」[151]，從而使這兩種職役累民的情況得以改善。

由此可見，江西攤派雜泛差役多以稅糧為依據，贛東北的饒州等少數地區則以田畝為依據。這種情況之所以出現，是因江西的田地肥瘠不同，產量相差很大，比較而言，稅糧比田畝數更能真實地反映貧富狀況。然而，在具體執行時，未必能按上述原則合理攤派，放富差貧的現象屢見不鮮，雜泛差役往往成為普通民眾的沉重負擔。以差設里正、主首為例，有些富戶僱人當役，卻勒令貧民小戶津貼所雇之人，或者該當役而不當，臨事時令其他人戶承當；有些退閒吏員或外鄉潑皮無賴承攬這些職役，以藉機多取賦稅；有些富裕之家分戶析產，分散稅糧，降低戶等，躲避差役；甚至還有富戶擔任里正卻不負賠補之責，而將責任推給物力相對較小的主首，等等。大德七年（1303 年）改革里正、主首差設之制後，江西行省很快又出現了「各路點差里正、主首不均」，「放富差貧，那（挪）移作弊」等問題。九年後的皇慶元年（1312 年），江西行省不得不進一步改革役法。茲再節錄公文如下：

親民州縣官從新斟量所管鄉都地面遠近戶計多寡，可設里正、主首名數，除遠征軍人、大都上都其間站戶外，其餘不以是何戶計，當官從公推排，糧多極等上戶殷富者充里正，次等戶充

151 《元史》卷八三《選舉志三‧銓法下》。

主首，驗力挨次，周而復始，親叮噹役。截自至大三年為始，應
充週歲，滿替。[152]

　　與大德七年（1303 年）規定相比，這次的改革主要有三點：
一是改變了承擔里正、主首者的條件，規定「極等上戶」充里
正，次等戶充主首，而此前的規定是稅糧一石之上者輪流承當；
二是官府據民意排定里正、主首，而此前完全由民間自行排定，
上報即可，「官司不許非理干預」；三是必須親身應役，不能再
僱人當役。可以看出，此次里正、主首役法改革完全是針對前述
諸多弊端的，且加強了官府的干預。但是，因里正、主首由官府
排定，相信不久以後，大德七年（1303 年）改革之前出現的「江
西路府州縣差設里正、主首，官吏人等那上攬下，賣弄以為奇
貨，大為民害」[153]的情況會再次出現。

　　以上所說是江西行省差設里正、主首的總體情況，具體到各
路州縣，里正、主首等職役確實成了貧弱小戶的沉重負擔。以龍
興路富州為例，該州各鄉設里正，里正為富民，不肯代輸當地不
能完納的金課。各都設主首，主首「力微弱，又多貧寠，故代輸
者皆主首爾。凡金一兩重，費至元鈔多至百廿貫，總之為鈔三千
六百貫矣。因之破家者又比比有焉」[154]。可見，該州承擔賠補之

152 《元典章》卷二六《戶部十二・賦役・戶役・編排里正主首例》。
153 《元典章》卷二六《戶部十二・賦役・戶役・編排里正主首例》。
154 危素：《危太朴續集》卷十《富州蠲金紀事》。

責的多是貧窶的主首，因之破家者甚多。隸屬江浙行省的贛東北同樣如此。如饒州路「事悉取具於主首，而里正坐視其成」，即真正任事擔責者只有主首。那麼，主首又是些什麼人呢？該路安仁縣八都「奉公往役名主首，半是摘篛擔柴夫」。「擔柴夫」成為主首，是因「或因苗麥僅升斗，或忝殷實元空虛。千中得一稱上戶，土赤聊當辰砂朱」。原來，財產被虛捏，貧弱的「擔柴夫」成了「富戶」而應當主首。既然當役，轄區內不能按期完納「課程茶酒」、「逃糧」、「職田子粒」等賦稅，就須如數賠補；如若不能，則「公家督促過星火，唯聽捶撻生蟲蛆」[155]。

至於和雇和買，同樣存在放富差貧的問題。所謂和雇和買（包括和糴），是指官府以公平的價格向百姓僱傭所需的車、船等運輸工具，搬運官物，或者購買馬匹、糧、布、絹、紙張、漆、建築材料等物品。和雇和買通行於有元一代，它實際轉為賦役負擔的一項內容而成為民眾揮之不去的義務。

官府在江西行省和買的物品以木綿布最為重要。至大三年（1310 年），該行省置辦木綿布八〇〇〇〇匹，其中雙線、單線各四〇〇〇〇匹。除部分以稅糧折收外（如前文所述建昌路該年部分稅糧折收木綿布 7000 匹），不足之數，「驗出產之處，對物估體支價，收買夾密寬闊、堪中支持木綿數足，兩頭條印關防打角，分作運次，差官管押，限至大三年九月終赴都納足」[156]，即

155 李存：《番易仲公李先生文集》卷四《義役謠》。
156 《元典章》卷二六《戶部十二・科役・和買・和買諸物對物估體支

以和買方式補足八萬匹的數量。

　　木綿布是元朝在江西行省經常性和買的大宗物品。此外，還有各種名目的常年或不時之需。瑞州路上高縣官辦的蒙山銀場所需木炭長期在龍興、瑞州、臨江等路和買，屬常年和買物品；至元十八年（1281 年）以後的幾年間，信州、鉛山、饒州承當了打造海船、糧船、哨船的任務，在此期間，撫州路可能分配有和買船鐵的任務，元中期，樂安縣承詔修造鹵簿器仗等，均屬不時之需。

　　和雇和買也有一些原則性規定。如和雇運力，官府便針對水路、旱路支付不同的價錢。至元三十一年（1294 年）之前，江西行省和雇船隻將漕糧運至真州（今江蘇省儀征市），每石順水一百里，價鈔三分。因船戶收不抵支，該年，每石糧順水百里的運價增為鈔六分。大德五年（1301 年），元廷為和雇增價，規定每千斤百里，旱路中的山路為中統鈔十五兩，平川為十二兩，水路中的逆水為八錢，順水為七錢[157]。有關和買的基本規定是：一，「照依街市實直，兩平收買」，即依市價進行；二，「驗出產停蓄去處，分俵均買」，即在出產地進行和買；三，盡量於「上中戶計、開張門面之家收買」，即盡量向殷實富戶收買；四，「隨即支價」，或先支七分，核實後再支三分，不許任意拖欠和買款

價》。

157 《元典章》卷二六《戶部十二・賦役・腳價・運糧腳價錢數》及《添支水旱腳價》。

項；五，必須支付好鈔，不許以爛鈔坑民。由此可見，有關和雇和買的規定似乎是合理的，問題在於執行時的實際情況。時人論元代和買時說：「今日和買，不隨其所有而強取其所無。和買諸物，不分皂白，一例施行，分文價鈔並不支給，生民受苦，典家賣產，鬻子雇妻，多方尋買，以供官司。而出產之處為見上司和買甚物，他處所無，此處所有，於是高抬價鈔，民戶唯知應當官司和買，不敢與較，惟命是聽。如此受苦，不可勝言。」[158]此外還有「以高作低，以好作歹」，「賤買貴賣，損民取利」，「好鈔移易昏鈔」，等等。以贛東北承造船隻而言，「打造海船、糧船、哨船，行省文字並不問某處有板木，某處無板木，某處近河，採伐利便，又有船匠，某處在深山，採伐不便，又無船匠，但概驗各道戶計敷派船數，遍行合屬宣慰司。宣慰司仍前遍行合屬總管府……信州、鉛山等處，亦就饒州打造。勾喚丁夫，遠者五六百里，近者二三百里，離家遠役，辛苦萬狀，凍死病死不知其幾。又兼木植或在深山窮谷，去水甚遠，用人扛抬，過三五十里山嶺不能到河，官司又加捶楚……又所用木植、鐵炭、麻灰、桐油等物，官司只是樁配民戶，民戶窘急，直一錢物一兩買納」[159]。由此，和雇和買實是元代江西民眾的一項沉重負擔。

綜上所述，元代江西地區的稅糧制度總體上繼承了南宋的

---

158 《元典章》卷二六《戶部十二·賦役·科役·和買·出產和買諸物》。
159 程鉅夫：《雪樓集》卷十《民間利病·江南和買對象及造作官船等事不問所出地面一切遍行合屬處處擾害合令揀出產地面行下》。

夏、秋兩稅，元初，部分秋稅可折輸綿、絹等物，至元十九年
（1282 年）始，輸米三分之一，其餘折納中統鈔，至元二十九年
（1292 年）又改為部分折收木綿白布，不產木綿處則可折納鈔
兩；部分偏遠地區因輸糧不便，可直接把糧折為貨幣繳納。關於
秋稅的稅率，一般民田為百分之十，每畝科糧多不超過一斗，官
田超過百分之五十，遠高於民田，高者達三石多。元代江西地區
的秋稅總額約占全國的百分之九到百分之十，不及宋代。部分路
州縣秋稅較宋代變化不大，有些則有很大增加，主要增加在「延
祐經理」和陳友諒漢政權控制江西期間。元代江西行用省斛作為
量器，使民眾的秋稅負擔無形中較南宋增加百分之五十，鼠耗、
分例加收則按百分之七的額度收取。元初除贛東北外，其餘地區
不徵夏稅，元中期始全部徵收，龍興等部分路州縣的夏稅率較
高，但總額不詳。科差中，包銀曾短暫擾民，戶鈔基本沒有成為
民眾的負擔。江西地區的雜泛差役以稅糧、田畝或依據前二者確
定的戶等為差充標準，原則上是富戶當重役，貧者承輕役，但在
實際執行過程中，放富差貧的現象非常普遍。和雇和買是元代江
西民眾的一項常規義務和沉重負擔。元代江西地區安定時間不
長，較早出現動盪，與賦役不均有極大關係。

四　諸色課程

　　元代的諸色課程是指稅糧、科差之外的各種稅收，名目繁
多，大者如鹽課、茶課、商稅、酒課、醋課、市舶稅（海外貿易
稅）等常課，各有定額；小者如煤炭課、酵課、山澤課、魚苗
課、魚課、契本、河泊課、山場課等，共計三十二種，屬於不在

常年定額歲課中的雜課（額外課）。其中有些稅課是不在江西行省徵收的，如漆課、蕩課、乳牛課等，有些稅課，江西行省則在其中占有重要地位，如茶稅等。因本章以下幾節對江西的茶業、瓷業、礦冶業、商業等各有專論，將涉及金課、銀課、鐵課、鉛錫課、商稅、茶課等常課以及部分額外課，同時，最重要的稅課——鹽課一般不由江西行省徵收，而由兩淮鹽司或兩浙鹽司管理[160]，故此處僅略述其他幾項有史料記載的江西諸色課程。

酒醋課：酒醋課是常課之一，歲有定額，始於窩闊台汗時期，制度屢有變化。江西有些地方的城中酒業由官府壟斷，實行專賣，徵收高額酒課。如吉安錄事司，「城中禁釀五十年，目斷吹秫江東煙……務中稅增沽愈貴，舉盞可盡官緡千。先生嗜飲終

---

160 按：元朝統一全國後，先後設立了九處鹽司，各鹽司有各自的「行鹽地面」，即固定的銷售區。其中，兩浙鹽司「行鹽之地，兩浙、江東凡一千九百六萬餘口」，兩淮鹽司「行鹽之地，江浙、江西、河南、湖廣所轄路分」（《元史》卷九七《食貨志五・鹽法》）。具體到江西地區，贛東北的饒州、信州、鉛山州等屬江東，為浙鹽銷售區，其餘路州為淮鹽銷售區。元代鹽的銷售主要有三種方式，一是商運商銷的行鹽法，此時，鹽稅是一種間接稅，由各鹽司徵收，各地方稅務機關無權收取；二是計口售鹽的食鹽法，三是常平鹽局法。後兩種售鹽法中，鹽稅是直接稅，由各地官府收取。元代的江西地區是否實行過後兩種售鹽法，情況不明，不過可以肯定的是，商運商銷是江西地區售鹽的最重要方式。在這種情況下，江西行省自然無權徵收鹽稅。

無錢，指點青旗但流涎」[161]，「官釀苦薄空費錢」[162]。劉詵的這幾句詩反映了當地酒業實行專賣，酒價高昂而酒質苦薄的情況。有些地方（主要是鄉村）允許自行釀酒。從進賢縣李渡鎮元代燒酒作坊遺址分析，當時江西鄉間重要津關的釀酒規模還不小，商業目的十分明顯[163]。在許可自行釀酒的地區，酒課多據稅糧數徵收，如靖安縣，「酒課額有定，而民之貧富無常，貧或數贏，富或數縮。侯（引者註：指靖安縣尹胡願）為均派，隨糧之多寡定課數，貧民大便」[164]。靖安縣的酒課實際成為一種依據納糧數攤派的稅課。至元時期（1264-1294 年），江南的酒課、醋課較元軍入江南之初增加十倍以上[165]。至元二十八年（1291 年）之前，江西的酒醋課由茶運司兼領，其後由地方官府措辦。至元二十九年（1292 年），江西與湖廣兩行省的酒課合計九萬錠，遠少於江浙行省的二十七萬餘錠。經丞相完澤建議，江浙行省的酒課減去五分之一（54000 錠），改由江西等三行省份擔。天歷元年（1328年），江西行省酒課五八六四〇錠十六兩八錢，在十個地區中次

---

161 劉詵：《桂隱集・萬戶酒歌》，見顧嗣立編《元詩選二集・己集》，中華書局 1987 年版。詩中「江東」似指建康路、寧國路等處，實指廬陵一帶。原詩有序：「泰定乙丑（引者註：泰定二年，1325 年），真定吳侯來守廬陵，議行萬戶酒。申請垂定，郡民預喜，賦詩相賀。」

162 劉詵：《桂隱集・山村臘酒》，見顧嗣立編：《元詩選二集・己集》。

163 江西省文物考古研究所：《江西進賢縣李渡燒酒作坊遺址的發掘》，載《考古》2003 年第 7 期。

164 吳澄：《吳文正公全集》卷三九《故承直郎崇仁縣尹胡侯墓誌銘》。

165 程鉅夫：《雪樓集》卷十《民間利病・江南諸色課程多虛額妄增宜與蠲減》。

・進賢李渡無形堂元代燒酒作坊遺址

圖片說明：2002 年 6 月發現，當年 7 月至 11 月，江西省文物考古研究所進行了搶救性發掘。其中，元代酒窖共 13 個，直徑在 0.65-0.95 米之間，深度在 0.56-0.72 米之間。

圖片來源：《南方文物》2003 年第 4 期封底。

於江浙、河南和湖廣行省而居第四位；醋課九五一錠二十四兩五錢，在八個地區中排第六。

契本：即交易田宅、人口、牲畜時的納稅憑證，由買主在交易完成之後，赴務投稅時一併支付；不用契本，視同匿稅。使用契本，一可防止官吏貪污稅金，二可方便稅戶日後查驗，三可增加政府收入。至元二十二年（1285 年），每道契本為中統鈔三錢，至大三年（1310 年）增為至元鈔三錢（合中統鈔 1 兩 5 錢）。天歷元年（1328 年），全國契本總計三〇三八〇〇道，計中統鈔九一一四錠，其中江西行省的數量不明。嘉靖《上高縣

誌》保留了該縣元代的契本額，共四六八道，計中統鈔十四錠二兩。

河泊課：元代的江河湖泊屬國家所有，未經納稅獲得許可，嚴禁打捕。至元二十二年（1285年）起，元廷規定：「交各處官司兼管湖泊，招收打魚船戶，官為應付網索攔閘神福等。外據打算魚數，十分為率，漁戶收三分，官收七分。」[166]即官府出備部分工本，招收打魚船戶，所得以三七分成，漁戶得百分之三十，官府收百分之七十。官收的七分中，除去工本外，即是河泊課。元朝在河泊之利較大的地區設置十六處江河湖泊管理機構，負責徵稅，品級從正七品到從八品分四等。其中江西行省有兩處，一在江州路德化縣，為從七品衙門，一在龍興路寧州，為正八品衙門[167]。這兩處河泊管理機構所收稅課當處中等。河泊之利不太大的地區，河泊課由當地官府或其他徵稅機構兼理。鄱陽湖濱的饒州路，歲收河泊課五萬餘緡（1000多錠）。遭遇災年時，官府弛江河湖泊之禁[168]，以利賑災。如元貞元年（1295年）六月，「江西行省所轄郡大水無禾，民乏食，令有司與廉訪司官賑之，仍弛江河湖泊之禁」，饒州路的河泊課則一度被廢止，聽民採捕[169]。天歷元年（1328年），全國河泊課總計鈔五七六四三錠二十三兩四錢，江西行省的數量不詳。

166 《元典章》卷二二《戶部八‧河泊‧湖泊召人打魚》。
167 《元典章》卷九《吏部三‧場務官‧內外稅務巢闕》。
168 《元史》卷十八《成宗紀一》。
169 黃溍：《金華黃先生文集》卷三一《正奉大夫江浙等處行中書省參知政事王公墓誌銘》。

額外竹木課：天歷元年（1328 年），江西行省額外竹木課 590 錠 23 兩 3 錢，在留有記載的四個地區中，次於江浙行省、河南行省和腹裡而居第四位。

門攤課：按戶徵收的一種稅課。天歷元年（1328 年），江西行省門攤課是 360 錠 1 兩 5 錢，僅占總額 26899 錠 19 兩 1 錢的 1.34%。

池塘課：針對池塘養魚、栽蓮、種藕等收益而設的稅課。天歷元年（1328 年），江西行省的池塘課是 985 錠 3 兩 8 錢，占總數 1009 錠 26 兩 5 錢的 97‧57%，是全國最重要的池塘課徵收地。當時，江浙行省的該項稅課僅有 34 錠 22 兩 7 錢。

荻葦課：針對河岸泊蕩出產荻葦而設的稅課，僅在河南、江西兩行省收取。天歷元年（1328 年），江西行省荻葦課為 80 錠 1 兩 8 錢，僅占總量 724 錠 6 兩 9 錢的 11.5%。

醰課：針對製造發賣釀酒用酵母而徵收的稅課。天歷元年（1328 年），全國醰課總額為 29 錠 37 兩 8 錢，其中江西行省是 6 錠 12 兩 5 錢。

魚苗課：魚苗課是針對買賣魚苗而設的稅課，僅在龍興一路徵收。天歷元年（1328 年），該路魚苗課總額是 65 錠 8 兩 5 錢。

另有曆日錢、山場課、房地租錢等稅課，在各地統一徵收，江西行省所收數額不詳。此外，《元史‧食貨志二‧額外課》「魚課」項下僅有「江浙省鈔一百四十三錠四十兩四錢」[170]一條記

---

170 《元史》卷九四《食貨志二》。

載，似此項稅課僅在江浙一行省徵收，其實，江西行省有些地區亦需繳納，如至治二年（1322 年），瑞州路「商稅、魚課等中統鈔七千四百二十七錠、銀三十三兩五錢六分」[171]。

以上所列是江西行省的部分課額，具體到各路州縣，情況不盡一致。嘉靖《上高縣誌》詳細開列了元代該縣在城務、麻塘務和蒙山務三處課稅所徵收的諸色課程，茲羅列如下：

（在城務）：

課程：鈔二百三十四錠四十八兩一錢三分。

酒課：鈔四百四十一錠六兩三分。

醋課：鈔七錠一十兩。

門攤課：鈔二錠一十二兩一分。

茶引：鈔一百八十九錠四十三兩五錢一分七釐。

契本：二百二十九道。

麻塘務：

課：鈔一百一十四錠四十九兩四錢。

酒課：二百六十六錠二十兩一錢二分。

契本：一百一十道。

蒙山務：

課：鈔六十七錠三兩。

酒課：九十六錠一十兩八錢。

契本：六十八道。[172]

以上項目中，「課程」或「課」當指商稅。另，該縣蒙山銀場還有巨額銀課，因不歸地方官府掌管而沒有開列其中。上述上高縣的諸色課程比較簡單，除門攤課屬雜課，其餘商稅、酒課、醋課、茶稅等均是常規課程，每年的總額超過一四○○錠。與上高交通條件、商業活動比較相近的撫州崇仁縣歲辦稅課為中統鈔一二○○錠[173]，與上高相差不大。這個數額在江西應屬中等，代表著江西地區多數屬縣的一般情況。

第二節 ▶ 農業

習於游牧、不諳農事的蒙古統治者起初對農業極不重視，占據北方後，甚至有蒙古人建議「雖得漢人，亦無所用，不若盡去之，使草木暢茂，以為牧地」[174]。忽必烈即位後，這種情況有了很大改變。他「首詔天下，國以民為本，民以衣食為本，衣食以農桑為本」[175]，並採取了一系列勸農措施。攻宋時，元軍總體上改變了過去軍事活動以劫掠為主要目的的做法，注意保護當地的農業生產。至元十五年（1278 年），忽必烈發佈《省諭軍人條

---

172 嘉靖《上高縣誌》卷上《賦產‧課程》。
173 弘治《撫州府志》卷十二《版冊二‧榷課》。
174 宋子貞：《中書令耶律公神道碑》，載蘇天爵編《元文類》卷五七。
175 《元史》卷九三《食貨志一‧農桑》。

畫》，要求「管軍官員嚴切禁治各管軍馬屯駐並出征經過去處，除近裡地面先有聖旨禁治外，但係新附地面（引者註：指新近攻占的原南宋統治區），不得牧放頭匹，踏踐田禾，咽咬花果桑樹」[176]。統一全國後，元廷將在北方施行的勸農措施推廣到南方，先後設立的江南行御史台、各道提刑按察司、大司農司以及勸農營田司等機構都以勸課農桑為首要職責，並多次刊行《農桑輯要》，頒發各路，用於指導農業生產。在這種背景下，元代江西地區的農業得以繼續發展，糧食生產保持了一定的水平，部分經濟作物的生產技術和水平有明顯的進步和提高。江西成為元朝的財賦重區之一。

一　糧食生產與漕糧轉輸

在元朝重農政策的影響下，加上元中期以後，江西社會維持了半個世紀左右的基本安定，百姓安輯，部分地方官員又很重視農業生產，江西地區與農業生產相關的田土墾闢、水利興修、農技推廣等事業遂相繼得以恢復和發展[177]。

江西地方官員重視農業生產，以王禎為代表。王禎，山東東平人，所撰《農書》在中國農學史上占據重要地位。他一向關心農業，注重農技。任信州永豐（今廣豐縣）縣尹之前，他在旌德

176　《元典章》卷三四《兵部一‧正軍‧省諭軍人條畫》。

177　關於元代江西的糧食生產，吳宏歧的《元代農業地理》（西安地圖出版社 1997 年版）和陳高華、史衛民著《中國經濟通史‧元代經濟卷》的相關章節作了許多有益的探索，並請參閱。

（今屬安徽）當縣尹期間，「歲教民種桑若干株。凡麻苧、禾黍、牟麥之類，所以蒔藝芟獲，皆授之以方。又圖畫所為錢、檯樓、耙諸雜用之器，使民為之」[178]。到永豐後，他繼續「以課農興學為務，常買

‧王禎《農書》

圖片說明：中國國家博物館藏清乾隆活字本。

圖片來源：《文物中國史》第 7 冊「宋元時代」，山西教育出版社 2003 年版，第 232 頁。

桑苗及木綿子導民分藝」[179]，並著《農書》，刊刻於盧陵，以之指導農業生產。同為永豐縣尹的宋祥任內也是「務農桑，築陂塘以備旱潦」[180]。在贛州，靳孟亨任雩都縣尹時，「輯農書，導民稼穡」[181]。部分地方官員的重視有利於江西農業生產的發展。

這一時期，田土墾闢的成就主要體現在梯田的開發和贛南的屯田兩個方面。江西中北部人口繁庶，宋代已顯人多地少，民眾開始墾闢梯田。入元以後，這一趨勢在繼續。曾在皖南和贛東北

---

178 戴銖元：《剡源戴先生文集》卷七《王伯善農書序》。

179 雍正《江西通志》卷六三《名宦七‧廣信府‧王禎》。

180 雍正《江西通志》卷六三《名宦七‧廣信府‧宋祥》。

181 蘇天爵：《滋溪文稿》卷七《大元贈中順大夫兵部侍郎靳公神道碑銘》。

任職的王禎寫道：「梯田，謂梯山為田地也。夫山多地少之處，除磊石及峭壁例同不毛，其餘所在土山，下自橫麓，上至危巔，一體之間，裁作重磴，即可種藝。如土石相半，則必疊石相次，包土成田。又有山勢峻極，不可展足，播殖之際，人則傴僂蟻沿而上，耨土而種，躡坎而耘。此山田不等，自下登陟，俱若梯磴，故總曰梯田。上有水源，則可種秔秫。如止陸種，亦宜粟麥。蓋田盡而地，地盡而山，山鄉細民必求墾佃，猶勝不稼。其人力所致，雨露所養，不無少獲。」[182]王禎所述不一定專指

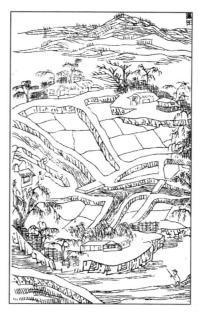

· 王禎《農書·梯田圖》
圖片說明：中國國家博物館藏清乾隆活字本。
圖片來源：中國國家博物館編《文物中國史》第 7 冊「宋元時代」，山西教育出版社 2003 年版，第 95 頁。

江西，但《農書》成書於他任職信州永豐期間，而永豐一帶在南宋時期已是「嶺皆創為田，直至其頂」[183]，故，他對梯田的敘述

182 王禎著，王毓瑚校：《農書·農器圖譜集一·田制》，農業出版社1981 年版。

183 楊萬里：《誠齋集》卷十三《西歸集》，四部叢刊本初編本。

可能部分來自當地的見聞。與信州毗鄰的饒州路東南「山多田占少」[184]，開墾梯田也屬當然。南宋時期，贛中的吉安、撫州和贛西的袁州均已墾闢梯田[185]，進入元代，當地民眾自會繼續向丘陵山地要田。

贛南地區在入元以後人口大量減少，戶數由寶慶年間（1225-1227 年）的三十二萬餘戶降為至元末期的七萬多戶[186]，因而出現大量的無主荒地，為屯田準備了條件。大德二年（1298 年），立贛州軍屯，有三二六五戶，五二四頃多土地[187]。但是，這處軍屯在次年即出現「軍兵多死瘴癘」的情況[188]，

・王禎《農書・秧馬圖》
圖片說明：中國國家博物館藏清乾隆活字本。
圖片來源：中國國家博物館編《文物中國史》第 7 冊「宋元時代」，山西教育出版社 2003 年版，第 94 頁。

---

184 王義山：《稼村類稿》卷二《宿安仁縣市》。

185 參閱許懷林《江西史稿》，江西高校出版社 1998 年第 2 版，第 258-260 頁。

186 嘉靖《贛州府志》卷四《食貨・戶口》。

187 《元史》卷一百《兵志三》。

188 姚燧：《牧庵集》卷十六《榮祿大夫福建等處行中書省平章政事大司農史公神道碑》。

其實際墾田面積可能沒有達到最初的要求。此外，吉安一度也置有屯田。

元代，江西從北到南均有新修的水利工程。臨江路清江縣北郭的贛江邊，「水由大江入者，有長堤以捍之。由西南來者，開數竇以疏之，大為民便」[189]；龍興錄事司城西的新坊，每逢春夏湖水上漲，「人馬俱病，溺者不可勝數」[190]，至正八年（1348年），總管安謙命修堤若干丈，並築石橋、水門；龍興路富州，「增修堤防，又築 數百丈」，「築堤三百丈，又修境內壞堤六十四處，水復故道」；建昌路新城，「修築堤防，免南津水患」；信州路永豐，「築陂塘，以備旱潦」；南康路，「修朱子所造江岸石閘，以御風濤，商旅泊舟得安」；南安路，「作石堤以息水患」[191]，等等。以上水利工程的規模均較小，遠遠比不上江浙行省的太湖整治工程。這與地方官府困於財力，無力建設大型水利工程有關。如撫州的千金陂自唐代始修，一直是當地農業和交通的命脈。入元，該陂失於修治，無法發揮水利功能；若能修成，可灌溉田地數千頃，故江西行省右丞郝天挺建言修治該陂。但從文獻記載看，元代始終沒有修築千金陂。當時江西有些較大規模的水利工程是民間所修，如吉安路太和州人李英叔捐錢二萬緡，修茶灘、啁石二陂。水陂修成後，可灌溉螺溪良田三十萬畝，鄉人稱

---

189 趙文：《青山集》卷五《臨江路高平橋碑記》。
190 危素：《危太朴文集》卷三《安公堤記》。
191 以上諸條俱見雍正《江西通志》卷五九至六五《名宦》。

之為李公陂。撫州路崇仁縣周信甫祖孫二人各捐私田，鑿溝渠，修築了可灌溉官民田地八〇〇〇餘頃的菱陂，等等。

元代江西地區的農技推廣體現在諸多方面。首先是高效農具的使用。吉安文人劉詵描繪了贛中一帶農民使用插秧工具秧馬的情形：「江南二月秧事急，水田千畝肩雁隨。壁間木馬忽渢沸，焰若起廢逢明時。背輕腹滑騎不蹶，昂昂首尻過高犁。方畦曲畎翠分路，意會規矩無差池。」[192]這首詩體現了秧馬省力與插秧整齊的特點。其次是選用適宜的糧食品種。水稻是江西的傳統糧食作物，經過歷時漫長的選育與引進，北宋已有四十多個品種[193]。入元，江西民眾根據不同條件，選種不同的品種。如南豐州，「山深地寒，止宜晚禾。惟有近郭鄉村，略種早稻。通計十分之內，早稻止有三分」[194]，即南豐民眾在山深地寒之處栽種成熟較晚的水稻，在地勢低平、陽光充足的農田栽種成熟期較早的水稻。臨江路和吉安路的一些丘陵山地則種植黍、粟、豆等旱地作物[195]。這說明，當時的江西民眾已知曉根據田土的高度、朝向、

192 劉詵：《桂隱集‧秧馬歌和蕭養吾》，載顧嗣立編《元詩選二集‧己集》，第 791 頁。

193 北宋哲宗時期，太和人曾安止著《禾譜》，記錄的泰和、吉安一帶的水稻品種達 42 個。參閱曹樹基《〈禾譜〉及其作者研究》，載《中國農史》1984 年第 3 期。

194 劉壎：《水云村泯稿》卷一四《呈州轉申廉訪分司救荒狀》，明天啟刊本。

195 梁寅：《新喻梁石門先生集》卷一《明農軒記》載臨江路「宜黍、稷、秔、稻」。劉詵：《桂隱集‧飲谷平李氏》（載顧嗣立編《元詩選二集‧己集》，第 789-790 頁）描繪吉安一帶的景色：「粟黃黍短沙連浦，白

土質、水源等情況選擇合適的農作物品種，並適當栽種一些旱地作物。複次是麥稻輪作制的普及。元代江西有春麥和冬麥兩種。史料顯示，饒州、南康、吉安、建昌等路均種麥，通常的情況是麥收後隨即插稻秧。劉詵對贛中稻麥輪作期的生產場景是這樣描述的：「三月四月江南村，村村插秧無朝昏。紅妝少婦荷飯出，白頭老人驅犢奔。五更負秧載南田，黃昏刈麥渡東船。我家麥田硬如石，他家秧田青如煙。」[196]麥收之後隨即栽插稻秧，於是一大片農田中，既有金黃的麥田，又有青綠的稻秧田。但是，如果麥收恰逢久雨不晴，則會出現「麥已熟而不收，秧既老而莫種」[197]的情況。最後是災荒出現後，江西民眾知道及時播種各類作物，以減少饑荒的危害程度。江西的救災作物主要有蕎麥、芋、粟等。大德十年（1306 年），南豐出現嚴重饑荒，知州聶伯達勸民眾廣種蕎麥，結果，蕎麥喜獲豐收，「民得麥續食，不復有飢」[198]。吉安一帶也產蕎麥。明初，太和人劉崧遠遊賦詩，有「順承門外斜陽裡，蕎麥花開似故鄉」[199]之語，由此，太和種蕎麥可能較普遍。芋則見於贛中，人們喜在冬日用地爐烤芋，以之

髮涉江尋故路。」揭傒斯：《揭文安公全集》卷五《送黃判官歸江西》有「鄰人邀種南山豆，野老同尋北谷芝」之句。
196 劉詵：《桂隱集‧秧老歌三首》，載顧嗣立編《元詩選二集‧己集》，第 805-806 頁。
197 任士林：《松鄉文集》卷十《省府祈晴意旨》。
198 劉壎：《水云村泯稿》卷一四《呈州轉申廉訪分司救荒狀》。
199 劉崧：《槎翁詩集》卷八《送別叔銘僉憲出順承門》。

待客[200]。粟亦是江西民眾的救災作物之一，故有「歲歉有稚粟，尚可分炊晨」[201]之詩。

至於元代江西的糧食畝產量，本章上節「賦役狀況」通過秋糧稅率推算，當時江西土地畝產量多不超過一石。這在江南處於何種水平？有學者論：「水稻單位面積產量（元制），江浙地區上田五到六石，中田三石到四石，下田二到三石，湖廣地區上田三石，下田二石，實際就是宋代（主要指南宋）所達到的水平。」[202]對此，有反對者認為估計太高，筆者亦持此見。陳高華、史衛民細緻研究了浙西、浙東的糧食畝產量，認為浙西「每畝產量平均應在一石至二石之間，或者可作高一點估計，即每畝一石半至二石」，「浙東地區糧食產量高的可達米二石甚至更多一些，低的則僅二、三斗，就多數而言，應在一石至一點五石之間。從南方的農業生產情況來說，浙西應是上等，浙東應是中等。也就是說，浙東的平均畝產量，大體上代表了南方的平均產量」[203]。即元代江南平均畝產糧食在一石至一點五石之間。筆者認為陳、史二人的研究是嚴謹可信的。據此，再將江西行用元代

---

200 劉詵：《桂隱詩集》卷三《地爐撥芋》：「道人山房棕為簾，鑿土燎火防冬嚴。紅蒸櫨木森樿獸，灰中蹲鴟香可拈。黑膚黯淡露玉質，溫潤可以當劫災。人聞宰相君莫可，趺坐且薦春醪甜……」

201 劉詵：《桂隱集・山中二首》，載顧嗣立編《元詩選二集・己集》，第767頁。

202 陳得芝主編《中國通史》第八卷《中古時代・元時期（上）》，第718頁。

203 陳高華、史衛民著《中國經濟通史・元代經濟卷》，第169頁，第172-173頁。

省斛、江浙使用宋代文思院斛、二者比率為十比六點六六的因素考慮進去，那麼，元代江西畝產量多不超過一石，換算為文思院斛，則多數田地畝產量不超過一點五石，與浙東持平，處在當時江南地區的平均水平。

　　江西是元代重要的糧食產區。至元十九年（1282 年），贛州通判尹應元向中書省報告：「應元自江西來，為見江南地面，米只是三兩錢糴一石，麥只是五分鈔買一斤。自從河北道以至大都，米、麥增價數倍。」[204]雖然尹應元的報告不是專指江西，但他來自江西，所述應包括江西在內。這充分說明了江西糧食的富足。江西地區重要的糧食產地集中在自然條件相對優越的鄱陽湖平原和贛江中下游，詩人描繪贛中的吉安一帶是「豐年五穀賤如土」[205]。

　　民眾所繳秋稅糧為漕糧。宋代的江西即是漕糧的重要來源地，進入元代，情況依舊如此。本章上節「賦役狀況」已述，元代江西地區的秋糧約占全國總額的百分之九到百分之十，雖不及兩宋比例之高，仍不失為一處重要的糧食產地。而且，當財賦重地江浙遭遇歉收，難以足額上繳漕糧時，江西常承擔待輸的重任。大德十一年（1307 年）十月，中書省奏：「常歲海漕糧百四十五萬石。今江浙歲儉，不能如數，請仍舊例，湖廣、江西各輸

204　《廟學典禮》卷一《省台復石國秀尹應元所獻學田》。
205　劉詵：《桂隱集・萬戶酒歌》，載顧嗣立編《元詩選二集・己集》，第800 頁。

五十萬石，並由海道達京師。」[206]仁宗同意了該建議。「仍舊例」表明，大德十一年（1307年）以前，江西、湖廣兩行省在江浙歲儉時補運漕糧已成常例。當年，實際海運糧食一六四四六七九石至大都，江西行省代輸的占百分之三十，加上該省例運漕糧，比例應遠遠高於此數。此後，即使江浙年豐，代輸之法繼續施行，以致至大四年（1311年）郝天挺任江西行省右丞時，請求將江西代輸的江浙海運糧「罷還江浙，不當為例」[207]。但郝天挺的意見未被採納。當年十二月，因浙西水災，「免漕江浙糧四分之一，存留賑濟，命江西、湖廣補運，輸京師」[208]。此後，江西代輸之事仍時有發生，如後至元四年（1338年）正月，「江浙海運糧數不足，撥江西、河南五十萬石補之」[209]。元末張士誠據蘇州後，江浙海運不通，江西一度成為大都重要的糧食來源地[210]。此外，江西地區還時常接濟荊湖一帶，如至元二十四年（1287年），饒州路承命裝運二〇〇〇〇石米給鄂州[211]。但是，元代最重要的糧食產區還是江浙，元人陳旅曾說江浙行省「土賦居天下十六七」[212]。加之江西境內，即使是富庶的贛北、贛中，有些路

---

206 《元史》卷二二《武宗紀一》。
207 劉岳申：《申齋劉先生文集》卷二《送郝右丞赴河南序》。
208 《元史》卷二四《仁宗紀一》。
209 《元史》卷三九《順帝紀二》。
210 葉子奇：《草木子》卷之三上《克謹篇》，第47頁，中華書局1959年版。
211 《元典章》卷二一《戶部七・倉庫・押運・糾察運糧擾民》。
212 陳旅：《安雅堂集》卷九《浙省題名記》。

州仍不能自給，遭遇歉收時，情況更甚。如南康路，「山城小郡，產米有限，余靠荊、湘、淮、浙米穀通相接濟」[213]；臨江路清江縣，「薪米仰北道」[214]，即糧食有賴輸入。所以，當江西歉收時，亦需要浙西等地的糧米接濟。

　　至大四年（1311 年）以前，江西包括贛南在內的多數地區的漕糧（包括秋糧折收的木綿布等物）是由地方官押運至真州（治今江蘇省儀征市）[215]，裝上海船，經海道運至北方[216]。隸屬江浙行省江東道的饒州，常由海船逆長江西上裝運其漕糧，稱「上江糧米」[217]。因江船與海船形制不同，如此接運漕糧，易損壞船隻，至大四年（1311 年）後，元廷規定江西、江東、湖廣的漕糧不再海運，改以嘉興、松江的秋糧及江淮、江浙兩財賦總管府的糧食充海運糧。但是，此後，江西、江東漕糧海運之事仍時有發生，如前述後至元四年（1338 年）撥江西、河南糧海運即是。至正（1341-1368 年）初，撫州路總管楊益在「賦稅之

213　《元典章》卷三《聖政二‧救災荒》。

214　趙文：《青山集》卷五《臨江路高平橋碑記》。

215　《元典章》卷十四《吏部八‧公規二‧差委‧路官州官通差》：「元貞元年，吉州等路稅糧折收木綿，除差官起運外，撫州等路木綿白布，合委長押官。」本章上節論雜泛差役時，述及贛州路贛縣以富裕上戶「供海運」，說明遠至贛南的漕糧都要運至真州。

216　危素：《元海運志》（叢書集成本）：「至大四年，……又湖廣、江西之糧運至真州泊入海船，船大底小，亦非江中所宜。」

217　危素：《元海運志》：「至大四年，……時江東寧國、池、饒、建康等處運糧，率令海船從揚子江逆流而上。江水湍急，又多石磯，走沙漲淺，糧船俱壞，歲歲有之。」並請參閱高榮盛《元代海運試析》，載《元史及北方民族史研究集刊》第七輯。

日」,「律己以率,下千里輸賦無傍落羨費」[218],從路程計算,似乎也是將「賦稅」送至真州。但是,江西地區有些偏僻州縣的秋糧可留存當地,不必上送,如「婺源州距總府數百里,山路峻險,轉輸莫可,賦粟每歲留州。忽有令詣府送納,州民震怖。官畏上令之嚴,不敢以請。侯(引者註:指婺源州判官胡顥)白上府,陳利害。府不能奪侯議,民得免詣府倉」[219]。即婺源州的秋糧一直留存當地。至於樂安等地將秋糧折納鈔兩,更是無需遠送。

運送秋糧至真州是江西民眾雜泛(勞役)的一種,屬無償服務,充役期間的衣食由自己承擔,甚至還要賠補損失,加上耗時漫長,風險時有,原則上多由富裕人戶承當(本章上節所述贛州路贛縣以富裕上戶「供海運」即是)。但是,攤派徭役時放富差貧乃平常現象,故漕運糧食是江西民眾的一項沉重負擔。

二 江西等處榷茶都轉司與江西茶業

進入元朝,「早晨起來七件事,柴米油鹽醬醋茶」已成民間俗諺[220],上自王公貴人,下至賤夫卒吏,日常生活都離不開茶。自唐代德宗貞元九年(793 年)正式徵收茶稅開始,茶稅日益成

---

218 虞集:《道園類稿》卷二六《撫州路總管題名記》。

219 吳澄:《吳文正公全集》卷三九《故承直郎崇仁縣尹胡侯墓誌銘》。

220 武漢臣:《李素蘭風月玉壺春》,載臧晉叔編《元曲選》,中華書局 1958 年版,第 474 頁;佚名:《月湖和尚度柳翠》,載臧晉叔編《元曲選》第 1335 頁。

為國家財政的重要來源之一。元朝大體繼承了宋代的榷茶制度，對茶業實行嚴格控制，茶課主要來自江南，而江西是其中的一個重要地區。

至元十二年（1278 年），江西尚處在元軍的征伐之中，年初已歸降的江州即有人建議徵收茶稅，來年徵得茶課中統鈔一二〇〇餘錠。次年十二月，元廷詔諭江南官吏軍民，「其田租商稅、茶鹽酒醋、金銀鐵冶、竹貨湖泊課程，從實辦之」[221]，茶在江南各地與鹽、酒等共同成為徵稅對象。

至元十七年（1280 年），元廷在江州正式設立榷茶都轉運司。至元二十五年（1288 年）二月，該司改稱「江西等處都轉運司」，除茶課外，兼領酒醋課，次年正月移至龍興，同年復稱「江西等處榷茶都轉運司」[222]。這是正三品衙門，統領江西、湖廣、河南、江浙四行省的茶稅徵收，設運使、同知、副使等官員，天曆二年（1329 年）被撤銷。此後，茶課一度轉由路府州縣徵收。因地方官常藉機擾民，元統元年（1333 年）十一月，順帝下詔：「江西、湖廣、江浙、河南復立榷茶運司。」[223]同年，

---

221 《元史》卷九《世祖紀六》。

222 虞集：《道園學古錄》卷三七《榷茶運司記》記江西等處都轉運司「（至元）二十八年復榷茶名」，即復稱「江西等處榷茶都轉運司」。《元史》卷十五《世祖紀十二》載，至元二十六年八月，「詔兩淮、兩浙都轉運使司及江西榷茶都轉運司諸人，毋得沮辦課」，則江西等處都轉運司的改名應在至元二十六年。具體情況不得而詳，此處暫採《元史》之說。

223 《元史》卷三八《順帝紀一》。

置湖廣江西榷茶都轉運司，治所不詳。次年，江西榷茶運司重新設置於江州。至正十四年（1354年），元朝已陷入大動盪，年底，茶運司被撤。

江西等處榷茶都轉運司在重要茶產地置提舉司（從五品衙門）。四行省中，多的時候有十六處提舉司，即杭州（今屬浙江省）、寧國（治今安徽省宣城市）、龍興、建寧（治今福建省建甌市）、廬州（治今安徽省合肥市）、岳州（治今湖南省岳陽市）、鄂州（治今湖北省武漢市）、常州（今屬江蘇省）、湖州（今屬浙江省）、潭州（治今湖南省長沙市）、靜江（治今廣西壯族自治區桂林市）、臨江、平江（治今江蘇省蘇州市）、興國（治今湖北省陽新縣）、常德府（今屬湖南省）、古田建安等處（今在福建省古田、建甌一帶）。以上茶司中，七處位於江浙行省，六處位於湖廣行省，江西有龍興、臨江二處，河南行省只有廬州一處。榷茶提舉司幾經調整。在另一則與江西等處榷茶都轉運司相關的文獻中，羅列了該司下轄的十五處茶司，比上文所列少了鄂州與湖州，多了江州[224]。這樣一來，江浙行省茶司減為六處，湖廣行省降至五處，河南行省依舊一處，江西則增至三處。此外，至元二十三年（1286年），復立岳州、鄂州、常德、潭州、靜江茶司，二十七年（1290年），復立南康、興國茶司，廬州茶司則於大德八年（1304年）被裁撤。延祐時期（1314-1320年），

---

224 《元典章》卷七《吏部一・官制一・職品・內外文武職品》，卷九《吏部三・官制三・場務官・茶場巢闕處所》。

建昌州（今永修縣）也設有茶司，分寧則置分寧等處茶司。順帝時期，江西榷茶運司下轄提舉司只有七處，遠少於元中期，具體情況不詳。茶司的興廢基本可以反映各地徵收茶課的數量多少和穩定與否，南康、建昌州、興國、江州等提舉司的廢置則可能與鄰近都轉運司治所的設置有關。

江西等處榷茶都轉運司及下轄各茶司的職責是通過發賣茶引收取茶課。所謂茶引，就是售茶的納稅憑證。多數時期，一引為九十斤。元代每引的價格從最初的四錢、五錢上升到後來的十二兩五錢，上漲二十多倍。每年十二月初，榷茶都轉運司召集轄下各提舉司官吏領取次年的茶引和公據（由中書省戶部下發），回提舉司發賣。從以上茶司的地理分布看，江州以其交通便捷、位置適中的優勢，成為都轉運司的最佳所在。它可使各茶司關領茶引與公據時，不致因路途迢遠而耽誤辦課大事。所以，該司除短暫遷於龍興外，一直位於江州。

至於茶課的具體徵收辦法，《元典章》和葉子奇《草木子》有所記載：

客旅興販茶貨，納訖正課寶鈔，出給公據，前往所指山場，裝發茶貨出山。賫據赴茶司繳納，倒給省部茶引，方許賫引隨茶，諸處驗引。發賣畢，限三日已（引者註：當作「以」）裡，將引於所在官司繳納，即時批抹。違限匿而不批納者，杖六十。因而轉用或改抹字號，或增添夾帶斤重，及引不隨茶者，亦同私茶斷。仍於各處官司將客旅節次納到引目，每月一次，解赴合屬

上司繳納。[225]

元朝於江西及湖廣立提舉司，使之產茶路分賣引，照茶以行。批驗所驗引無弊，即放行，至賣處收稅。[226]

具體說來，就是茶商事先確定要販賣的茶貨數量、種類等，向茶司繳納錢鈔。後者出給公據後，茶商前往指定的茶園。茶戶根據公據，向茶商發賣茶貨。茶商裝貨出山後，再回到茶司繳上公據，換取茶引。售茶時，茶引必須與茶貨相隨，以備各地批驗所查驗，否則以私茶論處。售茶完畢的三日之內，茶商必須在售賣地將茶引上繳當地官府，繳納商稅。各官府則將收納的茶引每月一次解送上級，以備核實。整個過程中，茶商需三次支付錢鈔，第一次是向榷茶提舉司購買公據，繳納茶課，第二次是向茶戶支付工本錢，第三次是在售茶地繳納商稅。茶司只能控制第一次收費，即收取茶課。

江西等處榷茶都轉運司徵收的茶課，至元十三年（1276 年）為中統鈔一二〇〇餘錠，兩年後的至元十五年（1278 年）迅速增加到六六〇〇餘錠（時尚未設立江西等處榷茶都轉運司），延

225　《元典章》卷二二《戶部八・課程・茶課・販茶例據批引例》。
226　葉子奇：《草木子》卷之三下《雜制篇》。上引兩段文字中，《元典章》反映了元前中期的情況，元末明初人葉子奇所言應指元統初復設榷茶運司以後的情況。虞集《榷茶運司記》云，江州復設茶運司後，「總治之規率如故事」，即沿用舊規，則二者當無牴牾。

祐五年（1318 年）達二五〇〇〇餘錠，延祐七年（1320 年）進一步增至二八九〇〇〇餘錠。四十多年間，茶課收入增加了二十多倍，是元朝財政的重要來源之一。其中各提舉司徵收的茶課數量難以查明，只知延祐五年（1318 年）的二五〇〇〇餘錠茶課中，榷茶都轉運司在江州、興國兩地直接收取了三五〇〇〇餘錠，占當年茶課總額的百分之十四。

江西成為榷茶都轉運司所在地，除位置適中外，與其自身也是重要的茶葉產地有關。龍興、臨江兩處茶司的穩定存設說明其徵收的茶課既多又穩。當時，江西境內所設茶司雖不及江浙、湖廣多，但是，若將南康、江州、建昌州、分寧四地茶政多由都轉運司直轄的因素考慮進去，則江西境內當有六處茶司，並不弱於江浙。元末明初人葉子奇說，元代「御茶則建寧茶山別造以貢，謂之噉山茶……民間止用江西末茶、各處葉茶」。[227]這直接說明江西的茶葉產量很大，行銷全國各地，是民間飲用茶最重要的來源地之一。

葉氏所言還表明，江西製作的主要茶品為末茶。所謂末茶，是將茶芽摘下後，烘焙使之乾燥，入磨碾碎，製成茶末。末茶中的上品是蠟茶，「蠟茶最貴，而製作亦不凡。擇上等嫩芽，細碾入羅，雜腦子諸香膏油，調劑如法，印作餅子，製樣精巧。候乾，仍以香膏油潤飾之」[228]。葉茶是現在常見的條形散茶，嫩葉

227 葉子奇：《草木子》卷三下《雜制篇》。
228 王禎：《農書・百谷譜集之十・茶》。

經過炒青即成。宋代的江西地區，末茶與葉茶並重，入元，如葉子奇所說，以末茶為主。江州道觀太平宮加工茶葉的場所稱茶磨，共有四所，顯然生產末茶。兩宋時號稱「草茶第一」「草茶極品」的雙井茶（屬葉茶）出產地分寧，進入元代後，以出產雙井團茶著名。此團茶是以末茶進一步加工製成的蠟茶。金華文人柳貫到江西任儒學提舉之前，便「舊聞雙井團茶美」。由此可見，葉氏所言不虛。從末茶、葉茶並重到獨重末茶，這種轉變可能與蒙古人、色目人飲茶習慣的影響有關。當然，江西也產葉茶，如一芽兩葉的燕尾茶在元代即躋身名品。

龍興應是當時江西最重要的茶產地。龍興西北一度設置分寧等處榷茶提舉司，說明分寧（大德八年，1304年以後升為寧州）是該路的主要產茶地。柳貫曾這樣描述南昌城西的景象：「豫章城西江上舟，船翁夾舵起紅樓。官鹽法茗有饒乏，市利商功無算籌。」[229]詩中的「法茗」指繳納了茶課的合法茶貨。鹽船茶舡彙集在南昌城西的河道中，給商人帶來巨大利潤。

龍興所產茶不僅量多，而且質優。柳貫品過雙井團茶後，讚譽道：「不到洪都領佳絕，吟詩真負九迴腸。」[230]該路所產優質茶不僅行銷民間，而且作為貢品上獻給皇太子真金之妃[231]，至大元年（1308年），真金妃更進一步將巨額的龍興茶課收入囊

---

229 柳貫：《柳待制文集》卷六《洪州歌》。
230 柳貫：《柳待制文集》卷六《洪州歌》。
231 姚燧：《牧庵集》卷二九《臨江路總管府判官夏君母夫人張氏墓誌銘》。

中[232]。

龍興外，江西中北部亦普遍產茶。以臨江為中心的贛西地區，包括臨江、袁州、吉安、瑞州等地，因臨江位於贛西的交通要沖，故將茶司設於該路。這些地區在宋代即出產多種茶品[233]，進入元代，茶業依舊興盛。大德年間（1297-1307 年），袁州路總管榮顯祖兼管內勸農事，並「提調造茶勾當」[234]。江州、南康、撫州等其他路份以及隸屬江浙行省徽州路的婺源州也產茶，且數量不菲。如江州太平宮有茶山四十二盤，茶磨四所，能仁禪寺有茶地若干，撫州金溪佛寺疏山寺也種有大量茶樹。道觀寺院尚且如此，民間植茶當更普遍。處於丘陵地帶的婺源州，茶課逐年增加，元中期增至最初的七倍，多達五萬餘緡，以致榷茶官驚呼：「國初天下茶課不過五萬餘緡耳，婺源一州乃七倍國初，天下民何以堪哉！」[235]

茶葉是元代江西地區最重要的經濟作物之一。此外，木綿（即棉花）、麻、桑、蔗、蔬菜、果品等亦是常見經濟作物。其中，木綿的大規模種植是元代江西農業發展的重要表現（木綿、桑、麻等將於下節「紡織業」中詳述），其餘則多是繼承南宋以來的既有態勢。試看文人劉詵筆下盧陵一帶的鄉村景色：「老托

232 《元史》卷九四《食貨志二・茶法》。
233 《宋會要輯稿》卷二九之一《食貨》。
234 姚燧：《牧庵集》卷二二《金故昭勇大將軍行都統萬戶事榮公神道碑》。
235 劉岳申：《申齋劉先生文集》卷十《安撫同知羅榮可墓碣》。

園林困雪霜，橘株枯病悴蕙黃。茶蘼獨擅春風力，無數新花出短牆。桃花梨花爭滿園，金沙玉棠蜂鳥喧。」[236]「沙邊一樹誰家李，歲歲逢渠白作堆。」[237]顯然，贛中鄉民種植橘、桃、棠、李等經濟作物乃尋常之事。至於蔗，劉詵曾賦詩：「儒官如蔗杪，妄意近佳境。」[238]長期居於鄉里的劉詵將儒學官比作看似甘甜實則無味的蔗梢，足見他對甘蔗非常熟悉，也反映了當地不乏植蔗者。

第三節 ▶ 手工業

蒙元早期，蒙古統治者對手工業的重視遠甚於農業，後來雖逐漸認識到農業的重要性，但手工業作為重要的經濟門類，一直受到嚴密掌控。故，元代的官營手工業十分發達，民間手工業則受到一定壓制。主要生產部門有紡織、陶瓷、製鹽、造船、軍器、印刷、造紙、食器加工等。總體說來，元代手工業在前代的基礎上有新的發展，江西則在某些方面具有領先優勢。限於資料，本書僅就製瓷、印刷、紡織、造船、製墨五項略加陳述。

---

236 劉詵：《桂隱集・庚午春夏間閒居即事》，見顧嗣立編《元詩選二集・己集》，第 833 頁。

237 劉詵：《桂隱集・橫石渡候舟有感》，見顧嗣立編《元詩選二集・己集》，第 833 頁。

238 劉詵：《桂隱集・送艾幼玉赴南安儒教》，見顧嗣立編《元詩選二集・己集》，第 774 頁。

一 製瓷業

宋代的江西群窰林立，饒州景德鎮、吉州永和窰、建昌南豐白舍窰、贛州七里鎮窰、臨川白滸窰等爭奇鬥豔，各有千秋。進入元代，上述諸窰繼續燒造瓷器，此外還有撫州金溪的小陂窰、里窰，鉛山江村窰，萍鄉南坑窰，瑞金逕橋窰，寧都的璜陂窰、固厚窰，尋塢上甲窰等窰口。可以說，當時江西從南到北，從西到東，均有瓷窰，而以景德鎮冠絕群窰，一枝獨秀。

景德鎮製瓷業擁有優質的瓷土和釉料資源、豐富的燃料、便利的交通等得天獨厚的自然條件，元初永和窰陶工的流入[239]，大一統局面的形成又有利於其吸收南北各窰口的先進技術，加之景德鎮瓷業分工細緻，操作規範[240]，諸多因素促成了元代景德鎮在

---

239 藍浦、鄭廷桂著，歐陽琛、周秋生校，盧家明、左行培注《景德鎮陶錄》（江西人民出版社 1996 年版）卷七《古窰考·吉州窰》：「相傳（永和）窰工作器入窰，宋文丞相過時，盡變成玉。工懼事聞於上，遂封穴不燒，逃之饒，故景德鎮初多永和陶工。」此記載為傳說，同時見於曹昭編著、王佐增補的《格古要論》以及相關地方誌中，不足信。永和窰工大量進入景德鎮，可能與文天祥在吉安募兵勤王有關。許多陶工應募抗元，入元以後，因懼怕鎮壓而逃到製瓷條件極佳的景德鎮。

240 據蔣祈《陶記》載，景德鎮燒造瓷器，「陶工、匣工、土工之有其局，車坯、利坯、釉坯之有其技，印花、畫花、雕花之有其法，秩然規制，各不相紊」，製瓷分工明確而精細。每一道工序都有嚴格的操作規程，瓷坯原料採用「進坑石，制泥精巧」，釉料「煉灰，雜以槎葉木柿，火而加煉之，必劑以釉泥而後可用」，「探坯窰眼」採用「火照」技法，「以驗生熟」，等等。轉引自《景德鎮陶錄》卷八《陶說雜篇上》。蔣祈的《陶記》是目前最早的全面記述景德鎮製瓷業的著作。關於其人其書的年代，有南宋說、元代說兩種觀點。前者以劉新

製瓷工藝上的長足進步，燒製出一些在中國製瓷史上具有劃時代意義的新品。

　　元代景德鎮製瓷工藝的進步首先體現在胎土配方的革新。入元，景德鎮製瓷工匠開始採用瓷石加高嶺土的「二元配方」法，克服了單純採用瓷石製坯則胎骨質軟，器物容易變形，單純採用瓷土製坯則胎質太硬，器物容易碎裂的弊病，將兩種原料按一定比例調製，各盡其長而避其短，提高了瓷器的燒成溫度，減少了器物變形，因而能燒造頗具氣勢而胎質輕薄的大型瓷器，產品更臻精緻。這種精緻的大型瓷器很適合於大型建築，為明清兩代御窯設置於景德鎮奠定了基礎。其次，成功燒造了青花、釉裡紅和青花釉裡紅瓷器，將製瓷工藝與繪畫技法完美結合，開創了明清兩代釉下彩瓷的先河。青花是以氧化鈷作顏料，在素胎上繪出圖案，然後敷以透明釉，經高溫焙燒，鈷呈膠態分散，現出美麗的藍色。釉裡紅是用氧化銅作呈色劑，罩釉燒製後，呈現穩定敦厚的紅色。一九八〇年發現的高安窖藏二三九件瓷器中，有二十三件屬景德鎮元代中晚期的青花、釉裡紅產品，是世界上目前為止出土元青花、釉裡紅瓷器數量最多、器型較大、器物最完整的一

　　園為代表，認為《陶記》成書於南宋寧宗嘉定七年至理宗端平元年的20年間，即1214-1234年間，見劉撰《蔣祁〈陶記〉著作時代考辨》，載《景德鎮陶瓷》1981年《陶記》研究專刊。後者見於乾隆七年《浮梁縣誌》及其後的地方誌、《景德鎮陶錄》等書，為熊寥、梁淼泰等研究者所支持。因劉新園之文尚有牽強之處，姑沿用舊志，以蔣祁為元代人。

次[241]。這些釉下彩瓷器色彩濃豔，永不褪色，青花明淨素雅，釉裡紅喜慶祥和，均是極具中國特色而盛燒不衰的瓷器品種。第三，成功燒製了紅釉、藍釉等彩釉新品，從而結束了傳統瓷器以青白、黑褐等單調釉色為主的局面，「戧金」（貼金箔於瓷器之上）、「五色花」（以紅、綠、黃、藍、紫等料彩繪）更是將單色釉瓷推進到色彩繽紛的新階段，使瓷器更兼具實用器與藝術品的雙重特性。第四，瓷石加高嶺土的「二元配方」使瓷器的燒成溫度較以前提高，紅釉、藍釉等屬高溫釉，青花、釉裡紅亦需高溫燒製，這反映出元代景德鎮的窯爐也有改進。據考古資料，景德鎮一座元代晚期的窯爐形制比較特殊，長度較短，火膛較深大，窯爐左右兩壁外弧，爐壁近火膛處微內縮，尾部砌成圓弧形，且沒有龍窯常見的排煙孔等設施。這說明，當時景德鎮的龍窯已開始向葫蘆形窯演變，將有利於提高窯內溫度。以上技術進步使景德鎮在元代迎來了空前繁榮，為日後該鎮發展為全國的製瓷中心、贏得「瓷都」的桂冠奠定了基礎[242]。

此外，景德鎮繼續燒造「青如天，白如玉，薄如紙，聲如

---

241 劉金成：《高安元代窖藏瓷器》，朝華出版社 2006 年版，第 2-3 頁。關於元代景德鎮青花原料和工藝的起源，學界尚未達成共識，多數認為受到伊斯蘭地區陶瓷業的影響，鈷料來自伊朗等地，部分器物的形式與花紋亦略具伊斯蘭文化特徵。

242 以上內容參閱余家棟《江西陶瓷史》，河南大學出版社 1997 年；劉新園、白琨《高嶺土史考》，載《中國陶瓷》1982 年第 7 期，第 144-150 頁；王光堯、王上海、江建新《景德鎮市麗陽鄉元、明瓷窯址》，載《南方文物》2006 年第 3 期，第 49-50 頁，等等。

· 釉裡紅彩斑堆塑螭紋高足轉杯

圖片說明：高安元代窖藏瓷器之一。高 12.5 釐米，口徑 10.1 釐米，底徑 5 釐米。侈口，深腹，斜壁，高圈足，把柄呈竹節狀，底沿外擴，置放平穩。杯把與杯底結合處為「公母榫」，可自由轉動。杯外壁下腹堆塑一蟠螭龍匍匐其上，惟妙惟肖。器內模印折枝梅、纏枝菊和迴紋，口沿內外分別飾釉裡紅帶狀紋，外壁及底心灑有釉裡紅彩斑數塊。施青白釉，釉色泛青，濕潤光澤。釉裡紅呈暗紅色。此器物繪畫工藝獨特，以塗抹、潑的技法結合器物造型，設計奇巧，裝飾別緻，胎薄型美，工藝精湛，為元代釉裡紅的絕品。

圖片來源：劉金成編著《高安元代窖藏瓷器》，朝華出版社 2006 年版，第 71 頁。

· 青花纏枝牡丹紋帶蓋梅瓶

圖片說明：高安元代窖藏瓷器之一。通高 47.5 釐米，口徑 6.1 釐米，底徑 13.8 釐米。小口，唇口平折，短頸，圓鼓腹下收，矮圈足稍外揚，配覆杯形蓋，中置寶珠鈕，蓋內置空心圓柱形管，合蓋時不易晃動脫落。蓋內壁及底均書「禮」字墨款。此器紋飾多達九層，肩腹部主題紋飾為如意披肩和纏枝牡丹紋，其他部位分別繪卷草、仰覆蓮、錦地紋、弦紋等。

圖片來源：劉金成編著《高安元代窖藏瓷器》，朝華出版社 2006 年版，第 61 頁。

· 青花雲龍紋荷葉蓋罐

圖片說明：高安元代窖藏瓷器之一。通高 36 釐米，口徑 21.9 釐米，底徑 20·5 釐米。罐口直立，鼓腹，淺圈足，荷葉式蓋，蓋有葉柄狀紐，蓋面繪葉脈紋，腹部主體繪有雙龍戲珠紋，一龍作回頭狀，間以云紋。罐頸、肩及脛部輔以纏枝牡丹、蓮、球紋等。在肩、腹、脛三層紋飾之間留出兩條空白帶，使主題紋飾更為醒目。胎白質堅，釉面光潔，白裡略泛青，砂底有火石紅斑，系元青花之精品。

圖片來源：劉金成編著《高安元代窖藏瓷器》，朝華出版社 2006 年版，第 51 頁。

· 釉裡紅蘆雁紋匜

圖片說明：高安元代窖藏瓷器之一。敞口，平底略內凹。芒口，砂底，流口下及相對的腹部飾有豔麗的紅色彩斑各一。內壁環以寬帶紋，內刻水波紋一週，輔以釉裡紅著色，底心繪飛雁銜蘆紋。此器瓷質細膩，青白釉釉汁明潤，在裝飾上，先刻後繪，使圖案地紋呈灰紅色，輪廓刻線則顯豔紅色。整個畫面生動成趣，乃元代釉裡紅成功佳作。

圖片來源：劉金成編著《高安元代窖藏瓷器》，朝華出版社 2006 年版，第 69 頁。

· 卵白釉印花折腰碗
圖片說明：高安元代窖藏瓷器之一。高
5.2 釐米，口徑 11.8 釐米，底徑 4.5 釐
米，重 180 克。折腰，斜壁，敞口，小
圈足，足壁較厚，稍外揚，足端平切，
足底無釉，足牆較高。外壁口沿下刻弦
紋一道，內底心印折枝梅紋。釉面瑩潤
光滑，胎質細膩，造型典雅，觀賞性強。
圖片來源：劉金成編著《高安元代窖藏
瓷器》，朝華出版社 2006 年版，第 76
頁。

· 元代青白釉透雕戲臺式瓷枕
圖片來源：《南方文物》1993 年第 4 期
封面。豐城市徵集，正西省博物館館藏。

磬」的青白瓷這一傳統產品，釉汁青白泛光，瑩潤透明，是大宗
的民間日用瓷。乳白中略泛淡青的卵白釉瓷則是當時的名品。清
人據此認為，景德鎮的元瓷尚白[243]。這種卵白釉器最為崇尚白色
的蒙古貴族所喜用。

　　在元代北方各大名窯逐漸衰退的背景下，景德鎮製瓷業的長
足進步凸顯了其在製瓷業中的地位。元軍進入江南後不久，朝廷

243 《景德鎮陶錄》卷五《景德鎮歷代窯考》。

· 卵白釉印花折腰碗

圖片說明：高安元代窖藏瓷器之一。高
5.2 釐米，口徑 11.8 釐米，底徑 4.5 釐
米，重 180 克。折腰，斜壁，敞口，小
圈足，足壁較厚，稍外揚，足端平切，
足底無釉，足牆較高。外壁口心下刻弦
紋一道，內底心印折枝梅紋。釉面瑩潤
光滑，胎質細膩，造型典雅，觀賞性強。
圖片來源：劉金成編著《高安元代窖藏
瓷器》，朝華出版社 2006 年版，第 76
頁。

· 卵白釉印花三爪龍紋高足杯

圖片說明：高安元代窖藏瓷器之一。高 9
釐米，口徑 11.2 釐米，底徑 3.8 釐米，
重 165 克。內壁印二條三爪行龍，首尾
相交，間以火焰紋和朵云紋。內底心飾
變體蓮瓣紋，外壁光素。
圖片來源：劉金成編著《高安元代窖藏
瓷器》，朝華出版社 2006 年版，第 87
頁。

就將目光投注到景德鎮，至元十五年（1278 年）設立浮梁瓷局，
「掌燒造磁器，漆造馬尾棕藤笠帽等事」[244]，秩正九品，設大
使、副使各一員。浮梁瓷局隸屬正三品的諸路金玉人匠總管府。
該總管府「掌造寶貝金玉冠帽、繫腰束帶、金銀器皿，並總諸司
局事」[245]，即負責製造宮廷用寶石、珠玉、金銀等飾物和冠帽、

244 《元史》卷八八《百官志四》。
245 《元史》卷八八《百官志四》。

束帶、瓷器等用具，下轄玉局提舉司、金銀器盒提舉司、瑪瑙提舉司、溫犀玳瑁局等機構，浮梁瓷局是其轄下的唯一一處製瓷機構。這充分說明了景德鎮瓷器的精良。該鎮所出卵白釉瓷，胎質較厚，釉呈失透狀，沉厚乳濁，早期釉色白中略泛青，恰似鵝蛋色澤，晚則趨於純白，輔以印花、劃花、雕花等裝飾技法，渾厚質樸而不失精緻，極為蒙古貴族所喜愛，故，卵白釉瓷成為元代重要官署的定製瓷器。由蒙古貴族掌控的從一品軍事機構——樞密院定製的卵白釉瓷，內壁模印「樞府」二字，稱「樞府瓷」；「掌神御殿朔望歲時諱忌日辰禋享禮典」的從一品機構——太禧宗禋院定製的卵白釉瓷，內壁則模印「太禧」二字。樞府瓷「土必細白埴膩，質尚薄。式多小足，印花，亦有餕金、五色花者。其大足器則瑩素。又有高足碗、蒲唇弄弦等碟、馬蹄盤、耍角盂各名式，器內皆作『樞府』字號。當時民亦仿造，然所貢者俱千中選十，百中選一，終非民器可逮」[246]。可見，蒙古貴族的喜好影響到民間，百姓亦喜用卵白釉器，但遠不如上貢瓷精良。

雖然元代的官府手工業很發達，但筆者尚未見到在景德鎮設置官窯的記載。元末孔齊《至正直記》記載了饒州的御土窯：「饒州御土，其色白如粉堊，每歲差官監造器皿以貢，謂之御土窯。燒罷即封土，不敢私也。或有貢余土，作盤盂、碗碟、壺注、杯盞之類，白而瑩，色可愛。底色未著油藥處，猶如白粉。

---

246 《景德鎮陶錄》卷五《景德鎮歷代窯考》。原註：「質尚薄：從考古發掘的實物看，樞府器胎質厚，與此處所記有異。」

甚雅，薄難愛護，世亦難得佳者。今貨者皆別土也，雖白而堊口耳。」[247]後來，其表兄沈子成自餘干州帶回兩件三十年前所造御土窯碟，「其質與色絕類定器之中等者」[248]。此「御土」很可能是南宋後期景德鎮漸趨枯竭的優質淺層瓷土，元代專用於燒造貢器。「燒罷即封土，不敢私也」說明了「有命則貢，無命則止」的狀況，故「御土窯」並不表明當時景德鎮有常年設置的系官工匠和窯場。浮梁瓷局上貢的瓷器應屬官搭民燒，即官府用「御土」在民窯監造定製瓷器。

元代景德鎮民窯應主要集中在離景德鎮不遠的近鎮窯[249]，即今之距景德鎮市區僅四公里的湖田窯。元制，瓷業實行二八抽分，即稅率百分之二十。因產量可觀，元代在此設立浮梁縣景德務徵收稅課[250]，泰定（1324-1328 年）後，以饒州路總管兼理陶務。據蔣祈《陶記》，當地瓷窯的長短有特定的計量方法，以窯中放置坯匣的行路數籍稅。各窯先須經官府丈量，登入簿籍，作為徵稅的依據，即「窯有尺籍，私之者刑」[251]。這是針對窯主徵

---

247 孔齊：《至正直記》卷二《饒州御土》。
248 孔齊：《至正直記》卷四《窯器不足珍》。
249 《景德鎮陶錄》卷二《鎮器原起》，載「湖田器，仿於明，即元之近鎮窯」。
250 元貞元年（1295 年），浮梁升為州，但《元典章》依舊記作浮梁縣景德鎮務。據此，似乎可以推斷景德務設置於元貞元年之前。
251 《景德鎮陶錄》卷五《景德鎮歷代窯考》。宋元時期，景德鎮瓷器多足部矮短，有的幾近平底，裝燒時則普遍採用覆燒技法，瓷器多芒口，或在芒口處鑲金銀。之所以採用覆燒法，除因瓷石胎質較軟，覆燒可減少碗口變形外，增加每窯裝燒瓷器的數量，以少納瓷稅可能亦

‧永和窯褐彩波濤紋三足爐
圖片來源：江西省博物館編《江西省博
物館文物精華》，文物出版社 2006 年
版，第 74 頁。

收的。同時，「釉有三色，冒之者罰」，即根據所燒瓷器的釉色
徵稅。這是針對搭燒坏戶徵收的[252]。瓷器出窯後，由專人「揀
窯」，定出產品的優次，交易則要逐一登記於「店簿」之上，以
備稅務稽考。這是針對瓷器商戶徵收的。前兩者可能屬於二八抽
分的窯冶課，後者則為商稅。景德鎮民窯集中的湖田設有湖田
市，景德務歲辦課程在五〇〇至一〇〇〇錠之間，為正八品機
構。這個設於縣級以下的稅務機構與饒州路、廣州路的稅務平級
（均為正八品），而高於信州路、袁州路、贛州路、撫州路等路
的稅務機構（均為從八品），足見景德鎮製瓷業的興盛。

　　除景德鎮外，宋代江西的一些名窯在元代繼續生產。宋元更
替的戰爭雖對吉州永和窯有一定影響，但該窯在元代依然興

是重要原因。元代景德鎮使用「二元配方」法後，瓷器不易變形，覆
燒法減少，但並未停止。並請參閱劉新園《景德鎮宋、元芒口瓷與覆
燒工藝初步研究》，載《考古》1974 年第 6 期。
252 參閱梁淼泰《明清景德鎮城市經濟研究（增訂版）》，江西人民出版
社 2004 年版，第 13 頁。

盛[253]，繼續燒製薄釉乳白瓷，南宋新出現的白地醬釉彩繪瓷在元代鼎盛一時，綠釉瓷也有很大發展，宋代極負盛名的黑釉瓷在入元以後則出現明顯的衰落。瓷業的興盛使當地稅課亦相當可觀。元代設有廬陵縣永和務，為從八品稅務機構，歲辦課程在五○○至一○○○錠之間。受吉州窯強烈影響的永豐山口窯生產青白釉、黑釉等日用瓷。臨川白滸窯的元代瓷器「土埴細，質薄。色多白、微黃，有粗花者」[254]。贛州七里鎮窯在元代以燒製青白釉瓷和黑釉為主，南豐白舍窯的瓷器分白瓷和青白瓷兩大類[255]，金溪的小陂窯以生產青釉器為主，里窯則多青白釉器，寧都的璜陂窯、固厚窯多生產白瓷、青白瓷、青黃釉瓷、褐黑釉瓷等，瑞金的逕橋窯和鉛山的江村窯則燒製青釉的民間實用器。總之，元代江西境內窯場分布較廣，除景德鎮取得突出成就、擁有重要地位外，其餘均以生產民間日用瓷為主，沒有重大突破。

---

253 關於永和窯的終燒時間，學界曾有「宋末終燒說」「元末終燒說」「明代終燒說」等幾種意見，經過考古發掘與文獻研究，學界逐漸趨同於「元末終燒說」。參閱江西省文物工作隊、吉安縣文物管理辦公室《吉州窯遺址發掘報告》，載《江西歷史文物》1982 年 3 期，第 1-25 頁；陳柏泉《吉州窯燒瓷歷史初探》，載《江西歷史文物》1982 年第 3 期，第 25-36 頁；陳立立、習罡華《吉州窯研究與永和鎮旅遊開發》，人民日報出版社 2003 年。

254 《景德鎮陶錄》卷七《古窯考·臨川窯》。

255 《景德鎮陶錄》卷七《古窯考·南豐窯》載：「（南豐窯）出旴江之南豐縣，元代燒造。土埴細，質稍厚。器多青花，有如『土定』等色。」但據考古發掘，南豐窯未見元代青花瓷。

二　印刷業

儘管元朝是依靠金戈鐵馬建立起來的王朝，但自太宗窩闊台以來，有相當多的儒士得到重用，而漸次實行的尊經重儒、興學立教、招賢舉逸、開科取士等也利於文化的發展，加之元朝重視保護工匠，專立匠籍，諸多因素共同促成了與文化密切相關的印刷業的興盛。

元代印刷業既有中央與地方之分，亦有官方與民間之分。江西既是當時的文化發達之區，又是造紙業較盛之地[256]，故印刷業頗為興盛，既承接中央下派的刊刻任務，也在地方自行印製書籍甚至偽鈔；既依託官方資源從事印刷，也有民間好文之家、業賈之肆以私力為之。

江西地區的官方所刻書籍中，少數為仰承中央各機構之命而刻，多數是江西各級官府、官學和系官書院因教學需要、表彰先賢、輔助教化而刻。元代江西承奉上命的刻書活動，如大德年間（1297-1307 年）承命刻印王禎新近完成的《農書》二十二卷，延祐五年（1318 年）奉令開雕陸淳的《春秋纂例》《辯疑》《微旨》三書及郝經的《陵州集》三十九卷；至治元年（1321 年），奉命

---

256 按：造紙業是江西的傳統優勢手工業，但元代的總體情況不明，略可知者有臨江和鉛山的造紙業。另據劉詵《桂隱集・彭琦初用坡翁紙帳韻惠建昌紙衾次韻一首為謝》（載顧嗣立編《元詩選二集・己集》，第 814-815 頁）：「旴溪水暖楮藤連，練作云衾與老便。補幅全勝羊續布，裹身疑是鄧侯氊。溫欺枲絮娛霜夜，潔與梅花共雪天。要識故人淘瑩意，可貪一暖但高眠。」可知，建昌路一帶還以紙做被，是用常見的造紙原料楮與籐製成；此紙被顏色潔白，既輕又暖。

刊行王惲的《秋澗先生大全集》五十卷；後至元五年（1339年），江西官醫提舉司奉命刻印危亦林的《世醫得效方》二十卷；至正五年（1345年），《遼史》一六〇卷、《金史》一三五卷纂修完畢，元廷徑下聖旨，令江浙、江西二行省開雕印行，次年又刻《宋史》四九六卷、目錄二卷。江西地方官府發起的刻書活動也不少，或是令管下書院、儒學刻書，或者出資募人刻印官書和地方文獻。如江西湖東道肅政廉訪司於至正五年（1345年）下令撫州路儒學刊行虞集的文集《道園類稿》五十卷，建昌路總管命路儒學刻印杜佑的《通典》（吳澄作序），浮梁州署刊刻臧廷鳳新修的《浮梁志》，南豐知州捐俸募匠刻印劉壎所修《南豐州志》，等等。地方官學與系官書院的刻書活動更加興盛。前者如至元二十九年（1292年）贛州路儒學刊刻張栻的《南軒易說》三卷，延祐元年（1314年）臨江路儒學雕印張洽的《春秋集傳》二十二卷，泰定（1324-1328年）初龍興路儒學將《唐律疏議》三十卷付梓，泰定四年（1327年）再刻《脈經》十卷，吉水縣學刻行鄉賢劉岳申的《申齋劉先生文集》十五卷，臨川縣儒學刻張鉉的《金陵新志》十五卷，等等。江西地區系官書院的刻書活動則有大德三年（1299年）鉛山州廣信書院刻印辛棄疾的《稼軒長短句》十二卷，大德十一年（1307年）撫州路臨汝書院刊刻杜佑的《通典》二〇〇卷等[257]。此外還有地方官學與系官書院

---

257 元代江西地區有些書院的性質不明，無法判斷其是官辦書院還是私家書院，因而其刻書活動到底屬於官方還是民間亦無從判定，如至元

·《北史》，大德年間信州路儒學刻本

圖片說明：國家圖書館藏，殘本，存 36 卷。框高 22.9 釐米，寬 16.7 釐
米。每半葉 10 行，行 22 字，細黑口，四周雙邊。版心鐫有刻版機構，計
有信州路儒學、信州路象山書院、稼軒書院、藍山書院、上饒縣學、玉山
縣學、弋陽縣學、貴溪縣學、永豐儒學。

圖片來源：任繼愈主編，陳紅彥著《中國版本文化叢書·元本》，江蘇古
籍出版社 2002 年版，第 82 頁。

合作刻書，如信州路於大德年間受廉訪司之命開雕《南史》和
《北史》時，將任務分解到下轄的九所儒學與系官書院。

　　元代江西地區官方刻書業的經費多數出自學田，其次來源於

二十年（1283 年）廬陵興賢書院刻王若虛的《滹南遺老集》45 卷，
泰定三年（1326 年）廬陵武溪書院重刻宋淳祐《新編古今事文類聚》
前集 60 卷、後集 50 卷、續集 28 卷、別集 32 卷、新集 36 卷、外集
15 卷、遺集 15 卷，共計 236 卷等。

前朝所遺貢士莊；若前兩項經費不足，則可取自官庫，如開雕《遼史》《金史》的經費是「就彼有的學校錢內就用」[258]，開印《宋史》所用工本來自貢士莊；再不足，則以行省經費補充。由此，錢糧豐足的路儒學與系官書院是主要的刻書力量，尤以撫州路最為突出，該路先後開雕印行了多部卷帙浩繁之書。饒州路儒學就沒有那麼富足，該儒學於大德九年（1305 年）承命刊刻《隋書》八十五卷，因無力獨自承此重任，遂將任務分派到饒州路學、浮梁縣學、鄱陽縣學、餘干縣學、樂平州學以及忠定書院、錦江書院、長薌書院、初庵書院等多家儒學教育機構。

江西地區的私家刻書業也頗為興盛，主體是冠以書院、精舍、書堂等名稱的商業性書坊，如安福縣彭寅翁的崇道精舍於至元二十五年（1288 年）刻印《史記》「集解」「索隱」及「正義」一三〇卷，廬陵泰宇書堂刊刻《增修妙選群英草堂詩餘前集》上、下卷，廬陵胡氏古林書堂刊行《黃帝內經素問》《黃帝靈樞經》《增廣太平惠民和劑局方》等醫書，建昌路孫氏刊刻《詳音句讀明本大字毛詩》四卷，等等。比較而言，以吉安路的私刻最盛。元中期，遠在雲南的中慶路（治今雲南省昆明市）儒學都在吉安購求經史子集諸書。這與吉安文化昌盛、當地及鄰近地區盛產紙張等因素有關。元代吉安人喜選詩、選文，並到全國各地采詩，《皇元風雅》「前集」「後集」十二卷的實際編選者是廬陵人孫存吾，元代最早的詞總集《名儒草堂詩餘》編刊於廬陵鳳林書

---

258 葉德輝：《書林清話》卷七《元時官刻書由下陳請》。

· 《史記》，至元二十五年安福彭寅翁崇道精舍刻本

圖片說明：國家圖書館藏。框高 18.3 釐米，寬 12.6 釐米。每半葉 10 行，行 21 字。注文雙行，行 21 字。細黑口，左右雙邊。

圖片來源：任繼愈主編，陳紅彥著《中國版本文化叢書·元本》，江蘇古籍出版社 2002 年版，第 119 頁。

院，較早的元代作品總集《天下同文》也是編刊於盧陵，盧陵文溪的艾存吾則往返萬里，採得蜀詩六○○首，將在盧陵刻而傳之，同為盧陵人的郭友仁亦以「採詩自名，而行四方。詩有可取，必採以去，鋟之木而傳之人，俾作詩者之姓名炳炳輝輝於一時」[259]。選文採詩活動的興盛促進了當地印刷業繁榮。吉安北部臨江路的造紙業頗具聲名，居於江浙的孔齊就說臨江紙「似舊宋之單抄清江紙」[260]。發達的印刷業還使盧陵一帶衍生出書畫裝裱業，時稱「表背」。儒人王祖文精於此業。南昌、撫州、建昌諸

---

259 吳澄：《吳文正公全集》卷十三《詩珠照乘序》。
260 孔齊：《至正直記》卷二《白鹿紙》

路的印刷業稍次於吉安，汪大淵的《島夷志略》即在南昌付梓。

此外，寺院、道觀也從事刻書業，主要刊刻佛經、道書及僧道著作。撫州路金溪縣的疏山寺曾刊刻宋代高僧契嵩的《鐔津文集》，臨川道士朱思本的《輿地圖》則以石印的方式印刷於貴溪龍虎山的三華院。

除書籍外，印製曆書、私鈔等也是元代江西印刷業的組成部分。元代禁止私印曆書，舉報者賞銀百兩，私印寶鈔，更是從嚴

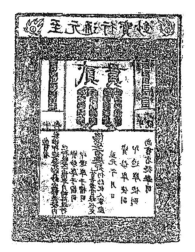

· 至元通行寶鈔鈔版
圖片來源：李躍《略論元代流通紙幣》，《南方文物》2004 年第 2 期，第 52 頁。

禁治，犯者可量刑至死罪，所以，印製以上二者自然是官方行為。自至元二十二年（1285 年）始，龍興路成為元朝的兩個曆日（引者註：即日曆）印製地之一，設有江西印曆局（從九品），所印曆日供給湖廣、江浙等南方四行省，改變了此前南方曆日取自京兆（治今陝西省西安市），路遙誤期的狀況。江西地區是否存在紙鈔的印製基地，史料沒有明確記載，但是，由於紙鈔原料易得，技術不難，利益可觀，元代江西地區的私印現象一直存在，甚至形於猖獗。至大四年（1311 年）袁州路宜春縣戴必榮、甘元亨雕刻二貫面額的至元寶鈔印版，企圖偽造紙幣，事發被處置。鉛山州「素多造偽鈔者，豪民吳友文為之魁，遠至江

淮、燕薊，莫不行使」[261]。甚至僻處贛南的石城縣，亦有印造偽鈔者。

元代江西地區印製的書籍，技術精良，精於校讎，兼具資料與藝術價值。廣信書院所刻《稼軒長短句》十二卷，以行書寫刻上版，「筆墨飛舞，如龍蛇際空，捉摸不定。字畫圓潤，疏朗悅目，在元代刻書中別開生面，獨樹一幟，是不可多得的藝術珍品」[262]。黃丕烈也認為，《稼軒詞》卷帙多寡不同，以此十二卷本為最善。

關於元代江西的印刷技術，有一事必須提及，即王禎的木活字印刷術一度被帶入江西。這種印刷方法是在北宋以來出現的木活字、泥活字、瓦活字、錫活字等印刷技術基礎上的提高，在中國印刷史上占

・辛棄疾《稼軒長短句》，大德三年廣信書院刻本

圖片說明：國家圖書館藏，12 卷，孤本。框高 23.3 釐米，寬 17.8 厘米。每半葉 9 行，行 16 字。細黑口，左右雙邊。

圖片來源：毛春翔著《古書版本常談》，上海古籍出版社 2002 年版，第 58 頁。

---

261 《元史》卷一九二《良吏傳二・林興祖傳》。

262 陳紅彥：《中國版本文化叢書・元本》，江蘇古籍出版社 2002 年版，第 101 頁。

據重要地位。王禎是在旌德縣任上改進木活字印刷術的，並用其成功印製了自撰的《旌德縣誌》約六萬字。短短的一個月之內，就印成了一〇〇部。大德四年（1300 年），王禎調任信州路永豐縣尹，將木活字帶至永豐，打算用其排版嵌印將要完成的《農書》。誰知《農書》完稿後，官方將其付梓，採用的是傳統雕印法，木活字一時用不上，於是他將《造活字印書法》附於該書卷末，以期推廣。但是，王禎的期待落空了，這種經過改進的木活字印刷術始終未能得到廣泛應用。

元代江西地區印刷業的發展是建立在經濟發達、文化昌盛的基礎之上，雖然很興盛，但就全國而言，並非最盛之區。當時的刻書中心是北方的大都、平陽（今山西臨汾）和南方的杭州、建寧（治今福建省建甌市），所刻書籍多風行全國，江西的刻書業難與比肩。當時江西的文章大家富州（今豐城市）揭傒斯、崇仁虞集等人的《揭曼碩詩集》三卷、《伯生詩續編》三卷、《道園學古錄》五十卷等均刻於福建，盧陵孫存吾編輯的《皇元風雅》「前集」「後集」十二卷則在杭州的勤德書堂付梓。但是，這些印刷興盛之地可能不乏江西刻工的身影。如後至元年間（1335-1340 年）徽政院主持刻印大藏經時，刻工中就有吉安人彭斯立、彭斯高兄弟和臨江人周仁可[263]。

---

263 董瑋、方廣、金志良：《元代官刻大藏經的發現》，載《文物》1984年第 12 期，第 82-86 頁。

三　紡織業

　　元代江西地區的紡織業主要有棉織、絲織、麻織三類，以棉織業的發展最為突出。

　　中國不是棉花的原產國。棉花傳入中國有兩條途徑，一由陸路自西北傳入，一由海路自南方傳入。據載，「江南百姓每的差稅，亡宋時秋夏稅兩遍納有。夏稅木綿布、絹、絲綿等各處城子裡出產的物，折做差發，斟酌教送納有來，秋稅止納糧」[264]，由此可知，南宋時期，木綿布（即棉布）已經作為江南百姓上繳的夏稅之一，其基礎是當時南方部分地區已經較多地種植木綿。

　　筆者尚未見到南宋時期江西種植木綿的直接記載，但有史料間接反映當時江西可能有種植[265]。入元，從贛東北的信州到贛中的吉安，都有種植木綿的明確記載。饒、信一帶在宋末元初是不種木綿的，謝枋得就說：「吾知饒信間，蠶月如歧邠。兒童皆衣帛，豈但奉老親……所以木綿利，不畀江東人。」[266]到元中期，農學家王禎於大德四年（1300 年）從徽州旌德遷任信州永豐縣尹，任內「常買桑苗及木綿子，導民分藝」[267]，信州遂有了明確

264　《元典章》卷二十四《戶部十・租稅・納稅・過征夏稅》。

265　間接史料：一是上文所引南宋時期江南夏稅交納木綿布的記載，但由於木綿布之外，尚可交納絹、絲綿等，具體到江西，各州軍交納何種夏稅，情況不明；二是宋末元初臨川人艾可信的《木綿》詩明確記載了這一時期的撫州已經開始用木綿紡紗織布。詳見漆俠《宋代經濟史》（上），上海人民出版社 1988 年版，第 142 頁。

266　謝枋得：《疊山集》卷三《謝劉純父惠木綿布》。

267　雍正《江西通志》卷六三《名宦七》。

的木綿種植記載。文人劉詵則描述了盧陵村民夜紡棉紗的情景：「月色夜夜照紡車，木綿紡盡白雪紗。」[268]這說明吉安一帶已經種植木綿。

　　既然木綿已經廣泛種植，木綿布自然不稀罕了。謝枋得元初隱匿在贛閩交界的山區時，福建友人餽贈兩端木綿布。謝枋得認為這種布「潔白如雪積，麗密過綿純。羔縫不足貴，狐腋難擬倫」[269]，即木綿布勝過絲帛與皮毛，彌足珍貴。欣喜之餘，他甚至想到此布可以幫助北遷的宋室帝后度過嚴寒，並進而幻想將士們身穿木綿衣，驅逐蒙古人，恢復舊河山。然而，經過了幾十年，到元中後期，木綿布日益普及，成為人們的家常衣料。崇仁虞集歸田居鄉時，他在五月的衣著是「木綿鶴袖小烏巾」[270]。綿布衣是虞集的日常服飾。當時，甚至江西罪囚的冬衣都有可能由木綿絮製成[271]。

---

268 劉詵：《桂隱集・野人家》，載顧嗣立編《元詩選二集・己集》，第794頁。

269 謝枋得：《疊山集》卷三《謝劉純父惠木綿布》。後有「三宮坐穹廬，雨雪或十旬。安得遺此惠，飛到君王身。塞上寒墮指，挾纊誰為溫。人各賜兩端，費銀二萬斤。大軍四十萬，談笑卻胡塵」等句。

270 虞集：《道園學古錄》卷二十九《目疾偶成二首》。

271 元中期，江西行省監獄中的無家屬囚犯，由官方出資，「每名支粗布二丈六尺，成造絮袄一領」，以度寒冬（《元典章》卷四十《刑部二・刑獄・系獄・罪囚衣絮》）。此處的「粗布」未確指是麻布、葛布或棉布，「絮」亦未確指是棉絮還是絲絮。但是，元代木綿、土布等屬「笨重物體」，不能與絲綿匹帛等精細對象相提並論（《元典章》卷二一《戶部七・倉庫・押運・正官押運事理》），所以，此處囚衣之「絮」很可能是棉絮，而非絲絮。

木綿布不僅是江西民眾的日常衣料，而且是上繳朝廷的大宗物資之一。元廷從江西獲取木綿布採取過三種形式：

一是設立專門的木綿提舉司，由官方組織工匠生產木綿布上繳。至元二十六年（1289 年），「置浙東、江東、江西、湖廣、福建木綿提舉司，責民歲輸木綿十萬匹」[272]。江西木綿提舉司是江南五處木綿提舉司之一，處所不詳，所繳木綿的具體數字也不清楚。至元二十八（1291 年）五月，上述五處提舉司歲輸木綿被廢止。

二是以秋糧或夏稅折收。至元二十九年（1292 年），元廷規定江西行省「於課程地稅內折收木綿白布，已後年例必須收納」[273]。此時，江西不徵夏稅，故而是以秋糧折收。元貞二年（1296 年），元廷確定江南的夏稅制度，規定以後「秋稅止命輸租，夏稅則輸以木綿布、絹、絲、綿等物」[274]。夏稅的徵收是以秋糧為基準，如龍興路秋糧一石折鈔三貫，以此得出江西夏稅總數後，再以時價折算出江西應該折納的木綿布及其他實物的數量。史料反映，折收之令不僅在江西各路得到實施，而且數量很多。至大四年（1311 年），僅建昌一路，折收的木綿布就達七〇〇〇匹。

三是和買，即官府出資向民間購買。至大三年（1310 年），

---

272 《元史》卷十五《世祖紀十二》。
273 《元典章》卷二六《戶部十二・科役・和買・體察和買諸物》。
274 《元史》卷九三《食貨志一》。

江西行省上納木綿布的額定任務是八萬匹。完成定額的方式是：

> 先盡本省至大三年額定已定稅糧認依例折收外，有不敷數
> 目，摘委本省官、首領官拘該路分廉干正官、首領官，不妨本職
> 提調，就於本省管下，不以是何系官錢內，驗出產之處，對物估
> 體支價，收買夾密寬闊、堪中支持木綿數足，兩頭條印關防打
> 角，分作運次，差官管押，限至大三年九月終赴都納足。[275]

由此可知，元廷將和買木綿布作為賦稅折收的補充方式。若
折收不足，則以官錢和買上繳。元廷在吉安路、臨江路都曾和買
過木綿布。和買原本是官府因臨時的需求而向民間購買所需物
資，後漸成「常法」，和買便轉為百姓必須承擔的一項義務，所
以，和買木綿布有可能經常性地在江西實行。

相關記載表明，江西應是元代種植木綿較廣、生產木綿布較
多的地區。大德三年（1299 年），中央萬億賦源庫總計收到各行
省送納的木綿布不下五十萬匹。十一年後的至大三年（1310
年），江西行省所納達八萬匹。此時，即使中央所收有所增加，
江西行省亦在其中占據相當份額。當然，江西行省所納木綿布
中，可能有相當一部分來自嶺南的廣東地區，但是，若加上隸屬

---

275 《元典章》卷二六《戶部十二·科役·和買·和買諸物對物估體支
　　價》。「先盡本省至大三年額定已定稅糧認依例折收外」一句，「認」
　　疑為衍字。

江浙行省的饒州、信州和鉛山州所納，比重也不會太少。另，江西境內的木綿種植與紡織分布不均。建昌路、吉安路、臨江路等應是重要產地，與建昌毗鄰的撫州卻不是。撫州的部分稅糧，原來也折納木綿布，即「撫境地稅，戶部賦木綿織布」，但「民病非所產，即令輸直」[276]，即撫州當地不盛產木綿，只能輸鈔。

棉織業在江西的興起並不能取代舊有的以種桑養蠶為基礎的絲織業。如果說棉織業是以民間手工業為主要的話，那麼，江西的絲織業則是官營、民營皆有。

元朝從中央到地方設有眾多生產絲織品的官營局、院，百姓

·《元典章》「折收物色難議收稅」條

圖片說明：該段公文說明了建昌路、吉安等地賦稅折收木綿布的情況。

圖片來源：《大元聖政國朝典章》（《元典章》）卷二二《戶部八·免稅》，中國廣播電視出版社 1998 年影印元刊本，第 988 頁。

---

276 蘇天爵編《元文類》卷六七：馬祖常《廣平路總管邢公神道碑》。另，《元典章》卷十四《吏部八·公規二·差委·路官州官通差》：「元貞元年吉州等路稅糧折收木綿除差官起運外，撫州等路木綿白布，合委長押官。」

賦稅負擔中的絲料、賦稅折收以及和買絲綿是這些局、院的原料來源。雖然江西不是最重要的絲織業分布地，但境內也設有江西織染田賦局（從五品）。行省還特意頒布許多條例來規範官營絲織業的生產。例如，江西行省詳細開列每張織機綜線所用的絲線數量，規定「熟機每張用泛子一十二片，每片用熟線一兩七錢五分，花機每張用熟線一十五兩二錢八分二釐五系，過線每副用熟線二兩九錢五分……大花過線八板每板用熟線一兩二錢，小花過線六板每板用熟線六錢」[277]。還頒布生產絲的折耗比率，規定「絲六托每用正絲四十兩，得生淨絲三十六兩，八托用正絲五十三兩，得生淨絲四十七兩七錢」[278]。此外還有續頭剪接折耗，具體是「八托每段折一兩，六托每段折七錢」。以上措施都是為了保證各官營局、院能夠利用盡量少的材料生產出優質絲織品。

除江西織染田賦局外，江西的絲織局、院一般以路為單位設置，贛州、建昌、撫州、袁州、龍興、江州等路均有這類機構。贛州的紋錦局主要生產錦，有專隸該局的許多匠戶[279]；建昌路的官營絲織機構有織機一〇〇張，每年造生熟緞匹二二五〇段；撫州路只有二十五張織機，歲造生熟段匹四五〇段[280]。

官營絲織機構生產的絲織品全部上繳，民間絲織業則用以滿

---

277 《元典章》卷五十八《工部一・綜線機張料例》。
278 《元典章》卷五十八《工部一・段匹折耗准除》。
279 黃溍：《金華黃先生文集》卷八《茶陵州判官許君墓誌銘》。
280 程鉅夫：《雪樓集》卷十《民間利病・建昌路分小於撫州而雜造段匹三倍撫州工役太不均宜只依撫州例諸處凡似此不均者比附施行》。

足賦稅折收、和買及百姓穿著所需，故江西植桑養蠶比較普遍，普通家庭可能多有絲織業。吉安永豐人劉鶚在元中期歸鄉後，「闢園數畝，種桑柘三百株」[281]，廬陵人劉詵則這樣描繪當地絲織業的普及：「南州織錦天下奇，家家女兒上錦機……君不見郭門十里桑柘村，蠶婦朝朝踏風雨。」[282]詩中「南州」即指江西一帶。吉安路的百姓在寒食節、清明節踏青時，「久晴爭試紈與絹」[283]。「紈」「絹」皆為絲織品。贛東北地區栽桑養蠶亦很普遍。前文謝枋得之詩表明，饒、信一帶在宋元之際是老幼皆穿帛。饒州安仁縣陳恢叟有曠地數十畝，以植桑為業[284]，上饒陳某「浴蠶沙溪水，採桑玉山顛」[285]。故，入元以後，雖然木綿布生產日益興盛，絲織品依然是百姓日常穿著的重要衣料，有很大市場。龍興路開設緞子鋪的常四一次性就收購生絹十九匹[286]，撫州路的袁慶則在帶著至元鈔二貫前往桐林嶺收買緞子時，不幸被軍丁李方一竊去本錢[287]。

---

281 揭傒斯：《揭文安公全集》卷十《浮雲道院記》。

282 劉詵：《桂隱集・織錦歌》，載顧嗣立編《元詩選二集・己集》，第800-801頁。江西一帶自漢代已被稱為「南州」，加之劉詵一直居於江西，故詩中所寫當是江西之事。

283 劉詵：《桂隱集・寒食》，載顧嗣立編《元詩選二集・己集》，第803頁。

284 程鉅夫：《雪樓集》卷二十《靜山處士陳君墓誌銘》。

285 戴錶元：《剡源戴先生文集》卷二七《浴蠶沙溪一首為上饒陳烈婦作》。

286 《元典章》卷二二《戶部八・軍人孫真匿稅》。

287 《元典章》卷五十《刑部十二・諸盜二・掏摸・掏摸鈔袋賊人刺斷》。

此外，江西地區苧麻和大麻的種植仍然不少，麻布仍是民間的重要織物。如贛中的廬陵一帶，凡常的村野人家是「遶屋桐樹遶屋麻」[288]，可見植麻在當地比較普遍，人們還以大麻絮製成蓋被以禦寒取暖[289]。撫州的絲織業不發達，木綿布亦非土產，那麼，當地應以生產麻布為主。

四　造船業

元代海外貿易發達，海路運輸的漕糧數量也不少，至元時期的海外遠征亦頻繁，故對海船的需求量極大。內河航運方面，元朝統一全國，境內的南北人員與商業往來頻繁，內河運輸繁忙，故對內河船隻亦有較大需求。而江西地區水面廣闊，盛產優質木材，又居東西南北交通要沖，遂成為元代的造船基地之一，既製作海船，亦打造內河船隻。

江西地區製造海船主要是在元世祖時期。平定江南後，元朝將目光轉向海外，忽必烈多次發動海外戰役，以期征服日本、安南、占城、爪哇諸國。江南是海上戰船的重要供應地。至元十六年（1279 年）二月，南宋行朝傾覆不久，元廷就下令「以征日

---

288 劉詵：《桂隱集·野人家》，載顧嗣立編《元詩選二集·己集》，第794 頁。

289 劉詵《桂隱集·彭琦初用坡翁紙帳韻惠建昌紙衾次韻一首為謝》（載顧嗣立編《元詩選二集·己集》，第 814-815 頁）中有「旴溪水暖楮藤連，練作云衾與老便……溫欺枲絮媲霜夜，潔與梅花共雪天」之語，可知，劉詵常用蓋被是用「枲絮」製成。「枲」是一種不結子的大麻。

本，敕揚州、湖南、贛州、泉州四省造戰船六百艘」[290]。次年七月，江西完成修造戰艦的任務，征日之役卻在至元十八年（1282年）以慘敗告終。緊接著，征服安南、占城又被排上議事日程。至元十九年（1283年），「敕平灤、高麗、耽羅及揚州、隆興、泉州共造大小船三千艘」[291]。二十一年（1284年），元軍唆都部在占城受挫，「船不足，命江西省益之」[292]。此時，江南地區已經因為征造海船，拘刷水手，民眾起事此伏彼起，而元軍尚在安南作戰，忽必烈又不放棄遠征日本，對海船的需求仍然很大。於是，至元二十二年（1285年）二月，元廷決定設立江西、江淮、湖廣三處造船提舉司，專事修造船隻。當年五月，三處造船提舉司撤銷，以後也未見在江南大規模地征造海船。不過，從以上幾次征造海船的情況看，江西始終是元廷重點關注的地區，不失為海上戰船的製造基地之一。

相對於載重量較大的海船而言，地處內陸的江西更適宜打造內河船隻，故而南城人程鉅夫在至元時期建議：「今後凡是造海船，止於沿海州郡如建德、富陽等處打造，糧船、哨船止於江西、湖南、湖北等處打造。」[293]當時江西為應付人員往來、漕糧運輸和巡防鎮遏，需要相當多的哨船、糧船和普通運輸船隻。

---

290 《元史》卷十《世祖紀七》。揚州、湖南、贛州、泉州四省份別指江浙、湖廣、江西、福建四地。

291 《元史》卷十二《世祖紀九》。

292 《元史》卷十三《世祖紀十》。

293 程鉅夫：《雪樓集》卷十《民間利病‧江南和買對象及造作官船等事不問所出地面一切遍行合屬處處擾害合令揀出產地面行下》。

《經世大典》載元代江西地區有四十六處水站，額定站船三八九只。這些船隻應是當地所產。至大四年（1311 年）以前，江西除贛東北的饒州等地，其他路份上繳稅糧需運至揚州路真州（今江蘇儀征），轉由海船經海道運至大都。這些糧船中的絕大多數應該也是江西所產。此外，江西境內河泊津渡眾多，用於民間商旅往來的船隻也不少。這些船隻中，也許有一部分就如同袁桷對民間淮船的描述：「淮船船薄薄如紙。」[294]

元代的造船業有官府與民間之分。前述江南五處造船提舉司轄下當有官營的造船局、院，但設置時間極短。此後，官府造船一般沒有固定的局、院，打造船隻多採用「和雇」「和買」的形式，強徵工匠與物資進行修造。撫州人陳帥機在至元時期就被攤派了繳納船鐵的任務，且因臨期不能如數上繳而憂心如焚。至於江西的民間造船業，情況不甚明晰，可以肯定的是，濱江瀕湖的近水之地應存在一些規模不等的民間造船廠塢。至元時期，信州、鉛山等地攤派到的造船任務，均在饒州打造[295]，可從一個側面表明民間船業布局的一般狀況。

五　製墨業

江西是文化昌盛之區，與之相關的製墨業也得以發展。在官

---

294 袁桷：《清容居士集》卷八《淮船行》，四部叢刊初編本。
295 程鉅夫：《雪樓集》卷十《民間利病·江南和買對象及造作官船等事不問所出地面一切遍行合屬處處擾害合令揀出產地面行下》。

營手工業占據重要地位的元代，以民間個體手工業為主的江西製墨業生產規模較小，但市場需求可觀，因而這項產業在元代獲得顯著發展，產生了新的工藝流派和大批優秀工匠。

在南北經濟文化交流空前繁盛和部分儒士轉而從事製墨業的背景下，江西墨工能夠吸收南北之長，提高製墨工藝，成為當時重要的墨產地。以地區而論，龍興路、撫州路、臨江路、信州路為主要產地，代表人物則有南昌朱萬初、清江潘雲谷、玉山魏景仁。朱萬初是元代墨工的代表，出身儒家，吸取金代真定（治今河北省正定縣）人劉法的「石刻墨法」，將南北製墨工藝相融合，所製之墨「沉著而無留漬，輕清而有餘潤」[296]。天曆二年（1329 年），因虞集的推薦，他獻墨於元文宗，深受稱賞，授為藝文監直長，其墨則為奎章閣所用[297]。此後，他歷任廣州路總管府照磨、東陽縣丞，元順帝初年，再次因獻墨而授為建寧路總管府經歷。潘雲谷亦是元代著名墨工。他在南宋時期浙江衢州人翁彥卿製墨工藝的基礎上，窮四十年之力努力鑽研，形成了自己獨到的製墨工藝，方法是：「時至山谷，擇松之膏馥，烈炬燃之，覆以密器，復穴旁以瀉煙，使傳數器而後煙始清彌……用金珠貴劑搗和，使久益光澤。」[298]通過嚴格的選料和松煙採集等工藝製造出來的墨塊被譽為「玄玉」，遠銷大都、江浙等地，深受詩文

---

296 虞集：《道園學古錄》卷三十四《朱萬初製墨序》。

297 揭傒斯：《揭文安公全集》卷五《送墨工潘生還臨江》。

298 釋大訢：《蒲室集》卷十四《玄鄉贊並序》，景印文淵閣四庫全書本。

名家讚賞，潘雲谷則被溫州人張天英稱為「玄香太守」[299]。魏景仁祖輩本是河北大名人，後徙居玉山，以製墨為業。他製造的墨塊「玄光溢目，芳香襲左右」，書寫後的字跡「色瑩而凝，透璽紙背」[300]。元順帝至正初，該墨被翰林國史院收購，定為編修宋、遼、金三史的書寫用墨。

除朱、潘、魏三人，江西還有大批優秀墨工。元末明初人陶宗儀《南村輟耕錄》卷二九《墨》條記錄了十一位元代墨工，其中五位是江西人，即清江潘雲谷、南昌朱萬初、金溪丘可行及其子世英、南傑[301]。此外，撫州胡湛然亦善製墨，其墨上貢內府，在宋元之際的七八十年間，民間「競用湛然之墨」[302]，後人胡達義則能繼承家法[303]。同郡艾文煥在胡湛然之後繼起，以墨如玄玉而「取信於眾，見售於時」[304]。臨川朱思本族孫朱元吉製造的墨塊「輕清芬馥，玄光照人」[305]，王景瑞、游壽翁、黃雲仙、詹見翁、王時可、袁自心等也是撫州的著名墨工[306]。臨江人周存義則

---

299 張天英：《贈臨江潘云谷》，見顧瑛《草堂雅集》卷三，陶氏涉園影刊元槧本。

300 宋褧：《燕石集》卷十二《贈墨工魏元德序》，北京圖書館古籍珍本叢刊本。

301 陶宗儀：《南村輟耕錄》卷二九《墨》，中華書局 1959 年版。

302 吳澄：《吳文正公全集》卷十六《贈墨工艾文煥序》。

303 吳臬：《吾吾類稿》卷三《贈墨卿胡達義序》，豫章叢書本。

304 吳澄：《吳文正公全集》卷十六《贈墨工艾文煥序》。

305 朱思本：《貞一齋雜著》卷一《送族孫文中攜墨游江湖詩序》，適園叢書本。

306 見於吳澄《吳文正公全集》卷二七《王景瑞墨銘》《黃雲仙墨銘》《詹見翁墨銘》《游壽翁墨銘》《菊庭王時可墨銘》《墨銘與袁自心》等篇。

繼承了潘雲谷的製墨之法，攜墨售於大都[307]。

但是，元末孔齊認為，「江南之墨，稱於時者三，龍游、齊峰、荊溪也……其長沙、臨江皆不足取」[308]。這說明，元代江西地區雖有優秀墨工，墨塊行銷亦遠，但還不是最重要的優質墨產地。元末，兵禍連年，江西墨業隨之衰退。兵燹之後，外地已很難見到臨江等地生產的墨了。

第四節 ▶ 採礦與冶鑄

礦冶業是元代重要的生產部門，有官、私之分，而以官營為主。採掘的礦產主要有金、銀、銅、鐵、鉛、錫等金屬礦和煤、石油、礬、玉、硃砂等非金屬礦，並相應地建有各種冶煉場。江西的礦冶業以銀礦採冶最著，鐵礦亦占據重要地位，儲量豐富的銅礦則因元代棄用銅錢而無需大量開採，但銅器鑄造業頗具影響；江西其他非金屬礦的開採，情況不明。

一　蒙山採銀業

元代，紙幣是通行全國絕大多數地區的法定貨幣。世祖中統元年（1260 年）七月一度印行以絲為本的中統元寶交鈔，三個月後即改為以銀為本的中統寶鈔，法定的銀、鈔比價為中統鈔二

---

307 梁寅：《新喻梁石門先生集》卷二《贈周存義序》。
308 孔齊：《至正直記》卷二《墨品》。

貫同白銀一兩。鈔法運行正常時，元廷多次禁止民間私自買賣金銀，海外貿易則一直嚴禁金銀外運。元代本銀主要貯存於諸路平準行用庫和國庫中，是政府嚴加管制的本位貨幣。此外，銀還是元廷給宗親、勳臣的重要賞賜物，鈔法敗壞時則成為民間重視的流通物，又是鑄造銀器的基本原料。總之，銀在元代的地位大大超越銅錢盛行的宋代，江西則是當時上繳銀課數額巨大的地區。

《元史》載，天歷元年（1328 年），江西行省上繳銀課四六二錠三兩五錢，僅次於課額七○○多錠的雲南行省。江西行省境內的銀產地有韶州（治今廣東省韶關市）、撫州、瑞州三處。韶州曲江縣銀場自至元二十三年（1286 年）始，每年輸銀三○○○兩（60 錠）[309]；撫州樂安縣小曹金銀場以產金為主，銀的產量估計不會很大；瑞州上高縣的蒙山銀場礦則一度是元代極受關注的銀場之一。

蒙山位於瑞州、袁州、臨江三地交界處，主峰在上高縣南三十五里。南宋慶元（1195-1200 年）初，該山多寶峰（今稱太子壁）一帶髮現銀鉛礦。慶元六年（1200 年）置銀鉛坑冶，民間自備工本開採，官府派遣監場，所得以二八分成，即官府抽百分之二十，開採者獲百分之八十。寶祐三年（1255 年），蒙山冶戶

---

309 《元史》卷九四《食貨志二》。原文為「在湖廣者，至元二十三年，韶州路曲江縣銀場聽民煽煉，每年輸銀三千兩」。中華書局標點本註：「『在湖廣者』至『韶州路曲江縣銀場聽民煽煉』，按韶州路屬江西行省，不屬湖廣，此處史文有脫誤。」曲江銀場屬民間礦冶。若文中僅僅是韶州路所屬行省有誤，而輸銀量無差錯的話，那麼，以民間礦冶 30% 輸官計，曲江銀場每年產銀量為 200 錠（10000 兩）。

樹立封禁碑，關閉銀鉛場，原因不詳。南宋時期，該場共存在五十五年。進入元代，至元二十一年（1284 年），因「土人呈獻」，元朝在此設置蒙山銀場提舉司（又稱蒙山銀冶提舉司），泰定二年（1325 年）十一月罷司，銀場繼續存在。至正十年（1350 年）五月，因礦洞土石崩塌，銀場關閉。元代，蒙山銀場提舉司共存在四十一年，銀場開採則超過六十六年。

蒙山銀冶提舉司的設置意味著該場為官辦洞冶。官府從瑞州、袁州、臨江三路中的五縣「輟民戶之有力者」三七〇〇戶充當冶戶。每煉銀一兩，冶戶免田賦〇點五石。至元二十九年（1292 年）正月，江西行省官員伯顏、阿老瓦丁陳告：「蒙山歲課銀二萬五千兩。初制，煉銀一兩，免役夫田租五斗。今民力日困，每兩擬免一石。」[310]世祖從之[311]。至此，蒙山冶戶每煉銀一兩，免田賦一石。

蒙山銀場所需原料，主要是冶銀鑄錠所需的薪炭。蒙山周回一四〇里，山林茂盛。初期，薪炭可能多來自周圍的山地，後「取木炭於瑞州、龍興，不勝其擾」，又在臨江路新喻州「以官估抑民市木炭」[312]，即由官府在瑞州、龍興、臨江等路進行強制

---

310 《元史》卷十七《世祖紀十四》。當時蒙山銀課已增至 700 錠，伯顏等所說 500 錠只指其中以冶戶免糧作為工本的部分，其餘直撥工本和煉銀副產品折價部分未包括在內。詳見下文。

311 嘉靖《上高縣誌》卷上《古蹟‧蒙山務》載每銀 1 兩免糧 1 石事在至元二十六年（1289）。本書從《元史》所載。

312 王逢：《梧溪集附補遺》卷六《故卿先執贛州興國尹葉公軌詩有序》，叢書集成初編本。

性的和買，壓價收購。延祐二年（1315 年）以後，銀場提舉陳以忠「為言於當路……官自買炭，擾不及於二郡」[313]，即改由銀場直接向民間購買薪炭。

蒙山銀場的工本由三部分組成。一是冶戶免納的稅糧。在官府看來，這些本應上繳而未繳的稅糧其實是勞務支出。至元二十一年（1284 年）簽發 3700 冶戶時，每煉銀 1 兩，冶戶免田賦 0・5 石。時銀場每年繳銀 500 錠（25000 兩），每年的工本糧則為 12500 石[314]。至元二十九年（1292 年）正月，每煉銀 1 兩的免糧數增為 1 石，這種形式的工本遂增為 25000 石。

二是官府直接撥付的工本。前期撥糧，後期改撥輕齎（鈔）。至元二十三年（1286 年），蒙山銀場增辦銀課 150 錠（7500 兩），官府沒有再行簽發冶戶，而是另撥糧 7000 石作為工本，即每銀 1 兩撥付工本糧 0・93 石。至元二十六年（1289 年），因冶戶生活困頓，官府規定 500 錠原課額，每銀 1 兩，另撥工本糧 0・5 石，共計撥糧 12500 石。至此，銀場工本中，直接撥付的工本糧增至每年 19500 石。至大元年（1308 年），銀場改屬徽政院管領，添撥糧 5500 石，官府直接撥付的工本糧遂增至每年 25000 石。延祐二年（1315 年）以前，這種形式的工本逐漸增加至每年 40000 石，且由本色糧改為撥付輕齎（鈔）。每

---

313 吳澄：《吳文正公全集》卷二十《瑞州路正德書院記》。
314 許有壬：《至正集》卷七五《蒙山銀》；嘉靖《上高縣誌》捲上《古蹟・蒙山務》。

石糧折中統鈔 40 兩（貫），40000 石糧共計折鈔 160 萬兩（32000 錠）。延祐二年（1315 年），高安人陳以忠提議以每石糧減鈔 10 兩，即折收輕齎 30 兩作為工本，這樣，銀場年工本鈔減為 120 萬兩（24000 錠）。至治（1321-1323 年）到泰定（1324-1328 年）初，因銀場礦、炭兩絕，銀課俱系冶戶購買輸納，工本降至銀 1 兩給付官本 14 兩[315]。不久，銀場提舉司就被裁罷。

三是煉銀副產品折價為工本。蒙山銀是以硫化物狀態伴生在鉛、錫等重金屬礦石中，故在南宋時為銀鉛坑冶，既煉銀又產鉛、錫。後二者是鑄造銅錢的原料。元代很少行用銅錢，鉛、錫的重要性大大降低，官府遂許銀場自行處理。至元二十六年（1289 年），官府規定，以錫、黃丹（即一氧化鉛，又稱玉銀）等煉銀副產品折作工本，增辦銀課五十錠。

關於蒙山銀場的生產過程，根據史料與地質調查資料，主要有挖井（修坑）、取礦、煉銀、鑄錠諸程序，是集採、冶、鑄於一體的銀場。元人許有壬粗略描述了銀場後期的採礦情形：「近年以來，坑洞日以深遠。每入取礦，則必篝火懸繩，橫穿斜入。寶穴暗小，至行十餘里，岩石之壓塞，水泉之湧溺，其為險惡，

---

315 許有壬：《至正集》卷七五《蒙山銀》。文中未明言此事發生的時間。該文可能是許有壬至治二年（1322 年）擔任江南行台監察御史時，瞭解到蒙山銀場情況之後所作（見《元史》卷一八二《許有壬傳》）。此前，蒙山銀場除去免糧和煉銀副產品折價外，以直接撥付的工本計算，每銀 1 兩的工本為中統鈔 34 兩多。許有壬所記工本數額偏低，值得懷疑。但是，許文中兩次提到「銀一兩官本十四兩」，所記當也不誤。此處存疑。

蓋無可比。加以山嵐毒氣旦夕攻侵，枉死之人不可勝數。」[316]可見，銀場採礦實行井巷作業，礦巷窄小，深長可至十餘里；以籌火照明，以繩索懸垂礦工入井取礦，再用繩索將礦石吊出；井下時有土石坍塌、地下水滲漏等險情發生，而安全措施幾付闕如。一九八二年冬，上高縣文物局普查工作隊對蒙山太子壁銀洞進行調查，入洞考察了地質編號為二號的窪洞。此洞是沿自然礦帶進行採掘，尚能見到部分採掘痕跡。洞內垂直深度達一四〇米，水平長一七〇米，最寬處為十點五米，最窄處僅〇點五米。井下未見支護等安全防護設施。此洞可能是原坑洞坍塌後遺存的部分井巷，長度不及許有壬所說的「十餘里」。

至於蒙山銀場的冶煉，史料缺乏記載。據地質調查，蒙山銀伴生在鉛、錫等重金屬礦石中，每噸含銀量為一四八點二克，需對礦石進行冶煉提取。從蒙山銀場煉銀的同時出產錫、鉛等重金屬可知，當時是通過選礦使銀富集於金屬硫化物精礦中，在冶煉的過程中提取出銀。今日蒙山太子壁銀洞北麓尚存一條平緩的運礦小路，通向五華里之外的鑑裡村，村中留有約五十萬噸礦渣。礦渣中心是較平坦的太子坪（又稱爐坪），係當年煉銀遺址。通過對表層礦渣取樣分析，每噸礦渣含銀量僅十克[317]。雖然表層礦

---

316 許有壬：《至正集》卷七五《蒙山銀》。

317 王慶莘：《上高縣蒙山銀礦遺址》，載《江西歷史文物》1983 年第 4 期，第 35-36 頁；胡春濤：《江西蒙山古銀礦小考》，載《江西文物》1990 年第 3 期，第 32-38 頁。鑑裡村每噸礦渣含銀量僅 10 克是 1982 年調查取樣數據，見於王文。胡文據南延宗、楊振翰的《上高縣蒙山地質礦產》（載江西省地質調查所《地質館刊》第 6 號，1941 年 7

渣不一定是元代所遺，但至少可以反映蒙山在明代萬曆年間封禁以前的冶煉水平。礦渣分析同時顯示，當地的古代冶爐溫度較低。

至於鑄錠，一九七七年九月二十七日和二十九日，吉林省農安縣先後出土兩枚蒙山所鑄銀錠，可以反映該銀場的鑄錠水平。農安是元代遼陽行省開元路的路治所在，這兩枚銀錠可能是通過賞賜、購買、官撥等方式進入當地。其中，「元字號」銀錠為元統三年（1335 年）造，重 1895 克；「天字號」銀錠是至正十年（1350 年）造，重 1904 克，均為蒙山銀場提舉司廢罷以後所鑄。兩枚銀錠形制係按《千字文》順序編號，基本相同，均呈亞腰形，質地潔白，含銀量達 95％。雖然鑄造時間前後相距十五年，但二者重量相差僅 9 克。元制，每錠為 50 兩。據其他地區出土的元代銀錠實測，元代每兩約在 31.3 至 40 克之間，「元字號」銀錠每兩是 37‧9 克，「天字號」銀錠每兩是 38‧08 克，均屬成色較足的銀錠。[318]

蒙山銀場屬官辦洞冶，所產白銀全部上繳。前文已述，其課額在至元二十一年（1284 年）為五〇〇錠，至元二十三年（1286 年）增至六五〇錠，至元二十六年（1289 年）再增至七〇〇錠。七〇〇錠的課額一直延續至泰定二年（1325 年）銀場提舉司被

月），鑑裡村礦渣每噸含銀量達 24‧4 克。
318 吉林、谷潛：《元代蒙山歲課銀錠的發現和研究》，載《中國錢幣》1986 年第 3 期，第 28-35 頁。

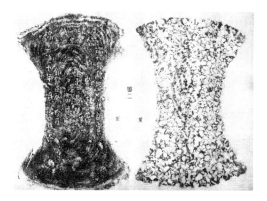

· 蒙山「天字號」銀錠
圖片來源：吉林、谷潛
《元代蒙山歲課銀錠的發
現和研究》，載《中國錢
幣》1986 年第 3 期，第
28-35 頁。

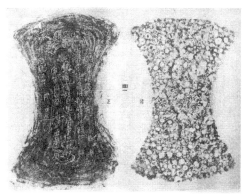

· 蒙山「元字號」銀錠
圖片來源：吉林、谷潛：
《元代蒙山歲課銀錠的發
現和研究》，載《中國錢
幣》1986 年第 3 期，第
28-35 頁。

廢罷。課額只表示銀場上繳的白銀數量，並不代表實際產量。該
銀場的產量在設置之初也許短暫地達到過五〇〇到七〇〇錠的高
額，此後便迅速下降。至元三十一年（1294 年）十月，江西行
省官員稱：「（江西）銀場歲辦萬一千兩，而未嘗及數，民不能
堪。」[319]江西行省境內有撫州、韶州、瑞州三地產銀，尚且不足

319 《元史》卷十八《成宗紀一》。

一一〇〇〇兩（220 錠），可想而知，至元（1264-1294 年）末期，蒙山銀場的產量遠不及七〇〇錠。至大元年（1308 年）後，該銀場「撥屬徽政院。每歲辦納不前，往往於民間收買回爐，銷煉解納」[320]，即銀場多靠買銀完成上繳任務。即使如此，課額依然難以完成。至大四年（1311 年），銀場欠課三〇〇〇餘兩。後，銀場同提舉、保定人張震「禁外患，出內蠹，儲炭以絕行賈之要，擇工以斷游食之費」[321]，勉強支撐七〇〇錠的課額。延祐二年（1315 年），銀場提舉、高安人陳以忠以「官課不辦，民力重困……為言於當路，凡場所輸，殺四之一」[322]，即蒙山銀場直接上繳的銀課減去一七五錠，實際繳銀量降至五二五錠。至治年間（1321-1323 年），因蒙山「本處坑谷已空，薪炭已竭，人力凋敝已甚，侵漁已極，逃移者眾，連年虧兌」，經江西行省平章政事換住和銀場提舉陳以忠的努力，又將[323]蒙山銀課中的三〇〇錠改由湖廣行省興國路（治今湖北省陽新縣）上輸，名曰「協濟煽辦」。至此，蒙山銀場的直接課額只有二二五錠，但仍是「計無所施，勉強支撐」[324]。於是，陳以忠又建議在寧州（今修水縣）等處開採新礦，「於所屬改撥戶糧」，即打算將蒙山的部分工本改撥給寧州，以寧州所產彌補蒙山銀場產量之不足。元廷未

320 許有壬：《至正集》卷七五《蒙山銀》。
321 虞集：《道園類稿》卷四三《順德路總管張公神道碑》。
322 吳澄：《吳文正公全集》卷二十《瑞州路正德書院記》。
323 劉岳申：《申齋劉先生文集》卷七《江西換住平章遺愛碑》。
324 許有壬：《至正集》卷七五《蒙山銀》。

採行其建議。在陳以忠任提舉的末期（可能是泰定二年，1324年），銀場所欠銀課累積至「萬九千餘定」[325]。如果虞集所記這一九〇〇〇餘錠欠課屬實，那麼，設置蒙山銀場提舉司的四十年間，總計應該繳銀二五五〇〇錠左右，實際繳銀六五〇〇錠，年均納課只有一六〇餘錠，其中還包括購買充抵之數。這樣一算，蒙山銀場課額雖高，卻難稱產量巨大，至元三十一年（1294年）江西行省官員所稱全省繳銀不足二二〇錠也絕非虛言。

　　泰定二年（1325年）十一月，罷蒙山銀場提舉司，銀場改由瑞州路管領。但是，「國有常額，難議除豁，朝廷所用必不可無」[326]，蒙山銀課不能隨著提舉司的廢罷而蠲免。對此，許有壬提出補救之策：「將所撥糧四萬石折收銀七百定，依江東諸郡金課例，每年立限，從有司徵收解納，則是每糧一石折收銀八錢七分五釐，每銀一兩該免糧一石一斗四升二合八勺。官不失額，民不被害。」[327]至此，蒙山銀課與蒙山銀場已無直接聯繫。其四萬石工本糧（鈔）原由龍興、瑞州二路共同承擔，在提舉司廢罷以後，究竟是由二路分領七〇〇錠銀課，還是龍興路如前納工本糧

---

325 虞集：《道園類稿》卷四六《靖州路總管揑古台公墓誌銘》。原文是：「瑞州蒙山產銀，民陳（以忠）自以其資富，力可辦，欲因以求官。獻其說，得為銀治（引者註：當作『冶』）提舉。豪縱濫費，課不登，上司有所呵問，輒以賄免。省官使公（引者註：江西行省理問所相副官十里牙禿思）鞫之。重賄不得行，得課萬九千餘定，而坐陳如法。」十里牙禿思所得「課萬九千餘定」，應是追繳的蒙山課額。
326 許有壬：《至正集》卷七五《蒙山銀》。
327 許有壬：《至正集》卷七五《蒙山銀》。

（鈔）給瑞州路，而由瑞州路全額承辦，不得而知。但是，從出土的順帝時期所鑄蒙山銀錠和至正十年（1350年）五月「瑞州上高縣蒙山崩」的記載來看，銀場在提舉司廢罷以後仍然存在，可能以銷銀鑄錠為主，兼有小規模的開採冶煉。

元朝政府對蒙山銀場的管理前後不同。至元二十一年（1284年）蒙山銀場提舉司設立時，可能由瑞州路管領，所產白銀作為賦稅進入國庫。大德八年（1304年），分撥瑞州路六五〇〇〇戶給懷寧王海山，瑞州遂為海山封邑。大德十一年（1307年），海山登上汗位，是為武宗。次年，武宗將蒙山銀場撥屬徽政院（管領皇太后位下錢糧、選法、工役諸事的機構）。泰定二年（1325年），因課額長期難以完成，銀課累民太甚，加之當年閏正月銀場又出現嚴重饑荒，十一月，罷蒙山銀場提舉司，銀場改由瑞州路管領。

元中期，該銀場提舉司為從五品衙門，設從五品的提舉、正六品的同提舉、從七品的副提舉等職。其中提舉、同提舉等官員或出自太后懿旨任命，或由流官遷任。前者如前述高安人陳以忠是受「中旨」，由白身超授為銀場提舉。此「中旨」應是皇太后懿旨。後者如保定人張震於至大四年（1311年）由正六品的撫州路判官遷任銀場同提舉，任滿後升任從五品的荊門知州[328]。

蒙山銀場提舉畢竟只是區區從五品的中級官吏，故在提舉司

---

328 虞集：《道園類稿》卷四三《順德路總管張公神道碑》。

與徽政院之間有江西行省宰執官員一人和瑞州路總管兼領銀場之事，由此建立起從蒙山銀場直達太后的管轄鏈條。虞集曾說，銀場隸屬徽政院，其事是「雖憲府不與也」，即監察機構無權監督銀場，但從文獻分析，江西肅政廉訪司、江南行台和御史台等監察機構均行使了對銀場的監督權。虞集所說可能是在武宗、仁宗之母答己太后擅權的時期，並非常態。

至於銀場內部的管理，吉林農安出土的兩枚銀錠均鏨刻有文字，其中「元字號」銀錠上鏨有「提調官瑞州路總管府官、催辦官新昌州判官拜住將仕、收銀庫官劉自明、爐戶吳瑞夫、庫子周世榮、消銀匠易志周」等字樣，「天字號」銀錠上鏨有「瑞州路總管府提調官、庫官丁諒、庫子易觀文、爐戶雷興吾、銷銀匠余珍可」等字樣，據此，泰定二年（1325 年）以後，蒙山銀場銀錠由瑞州路總管府提調，元統年間（1333-1335 年）由新昌州（今宜豐）判官負責催辦。銀場內設有收銀庫官、庫子等職，每枚銀錠上均須明白鏨刻爐戶、銷銀匠、庫子、催辦官等責任人的姓名，以便在成色不足等情況出現時追究當事人的責任。

蒙山銀場另有一事值得一說。銀場設置之初，有冶戶三七〇〇戶，且多為富戶，故在提舉司設置後的幾年間，提舉姜榮、李蘭奚等在當地創建正德書院，教育銀場子弟。書院創設之初，田租薄少，屋宇簡陋。延祐二年（1315 年），提舉陳以忠重修書院，增置學田。該書院規制齊備，有大成殿、明倫堂、致思堂、佑善堂、先賢祠等，官方為書院派設山長，分果行、育德、正蒙、修身、明道、麗澤六齋教授士子。書院田租收入達二〇〇石，用以維持書院運轉。重修書院後，名士趙孟頫為之題額，名

儒吳澄為之作記。由此，在元代的諸洞冶中，蒙山銀場不僅以巨量課額值得一書，其文化建設更值得稱道。

二　金、鐵、銅等的採冶鑄

與前代相比，元代金與鐵在手工業生產中所處的地位沒有很大變化，銅、錫、鉛等重金屬的地位則大大跌落，這是元代主要行用紙幣導致的。江西作為重要的銅產地，其在採冶業中的地位隨之下降，但鑄銅業仍十分突出。

元代江西地區的產金量不大。《元史》載，天歷元年（1328年），整個江西行省的金課為二錠四十兩五錢，遠少於雲南行省的一八四錠餘、江浙行省的一八〇餘錠和湖廣行省的八十錠餘。即使加上隸屬江浙行省的饒州、信州兩路所納金課，元代江西地區的產金量可能依然難及其他地區。

江西地區的產金之地有饒州、信州、撫州、龍興四地。至元二十四年（1287年），元朝設提舉司，專領江浙行省境內的七十餘所金場，共有淘金戶七三六五戶。饒州、信州的金場在其管轄之內，鄱陽、樂平金場即是。不久，因建康（治今南京市）等地無金，革提舉司，罷淘金戶，但金課不免，百姓根據田賦的多少進行分擔。撫州之金產於樂安縣。至元二十三年（1286年），撫州路總管張國紀以樂安小曹溪所產一〇〇兩金上獻，次年，元朝置小曹金場，設提舉、副提舉等職，撥富民淘金，以所納金課的多少相應地免除賦稅。該金場為官辦，所產黃金全部上繳，產量不明。龍興之金產於豐城（後稱富州）。至元十四年（1276年），分寧縣人商瓊率湖南淘金工三十餘人至豐城縣長寧鄉淘金，得金

四兩，於是行省在此設淘金場，由豐城管領。豐城金課最多時達二十九兩九分六釐。

元代江西地區的產金量不大，但擾民不輕。如鄱陽不產優質葉金，但官府一度非葉金不收，民眾被迫購買上繳，深受其苦。不過，受金課之累最深的還是豐城百姓。

豐城當地雖出金，但產量極其有限。當初設金場，乃是商瓊希望借此獻利之舉覓得一官半職。商瓊最終得遂其願，卻遺留給豐城百姓半個多世紀的重負。淘金場設置後，根本無力完成課額，淘金戶奔走於饒州、信州、徽州、衢州、婺州、江州、蘄州、黃州等地，購金完納。商瓊等人藉機刻剝，或誣富民宅地、墓地有金，掘其廬舍冢墓，求取賄賂；或向淘金戶多取多要，獲其盈餘。至元二十四年（1286 年）樂安置小曹金銀場後，商瓊遷官小曹，豐城金場被裁，金課由小曹代輸，但淘金戶仍在。此時恰逢豐城升為富州，官吏往往驅使淘金戶從事他役。淘金戶不堪其苦，或逃亡，或敗落。稍後，商瓊遷任鹽場官，小曹不願再代輸富州金課，金課遂落在富州淘金戶的宗親姻黨身上。他們無力完納，甚至殺子女以示抗拒。最後，富州勒令管下的五鄉二十七都代輸金課，因而破家者比比皆是。

為免除金課之累，富州的有識之士屢次申訴。如揭傒斯利用在奎章閣為皇帝講解《太平政要》的機會，婉轉提起富州金課之事，其侄孫揭軿則在巡行江西的奉使宣撫、監察御史等人面前叩首痛哭，乞去民害，以致觸怒御史，幾遭牢獄之災。經過上下努力，元統元年（1333 年）十一月，富州百姓五十七年的金課之累終於被蠲免。

　　從富州金課及上文蒙山銀課可看出，元代江西地區的金課、銀課等並不代表實際產量，只代表朝廷的攫取量，它常常脫離實際的生產能力而成為江西民眾的沉重負擔。

　　元代鐵課以湖廣、江浙、江西三行省最多。天曆元年，江西行省的課鐵為二一七四五〇斤，課鈔為一七六錠二十四兩，位於湖廣、江浙之後而居第三位；若加上江浙行省中饒州、信州所納鐵課，元代江西地區的鐵課當不止此數。具體說來，江西地區的產鐵之地有饒州、信州、龍興、吉安、撫州、袁州、瑞州、贛州、臨江九路。各路鐵礦開採、冶鑄的情況不甚明晰，略可知者只有瑞州路新昌州（今宜豐縣）的兩所鐵冶，一名上煌，一名黑口。這兩所鐵冶為官辦還是民營，難作判斷。另，廬陵人劉宗海在金牛大興鐵冶，常役使千人從事煽煉[329]。元代民營礦冶以十分之三輸官，劉宗海在輸官之外盈餘甚多，由此致富。但是，金牛在今安徽省廬江縣西北，而非江西境內。江西地區冶鐵的品種不詳，《元史》載當時鐵的品種有生黃鐵、生青鐵、青瓜鐵、簡鐵等，江西地區所產當不出其外。

　　江西還產鉛、錫。天曆元年（1328 年）的鉛錫課中，江西行省錫課為十七錠七兩，次於江浙行省二十四錠十兩二錢的黑錫課。鉛山州是江浙行省境內的鉛產地之一[330]。上高蒙山銀場在產銀的同時，亦出錫和鉛。

---

329 王禮：《麟原文集 · 前集》卷三《劉宗海行狀》。
330 《元史》卷九四《食貨志二 · 歲課》。

銅在元代的重要性遠不及宋代。元軍占領江南後，禁止民間行用宋代的銅錢，改用中統鈔。後來鈔法大壞，元武宗實行幣制改革，至大三年（1310年）正月頒定行錢法，設立資國院及諸處泉貨監六處、提舉司十九處，鑄造「至大通寶」和「大元通寶」兩種銅錢。八月，開始行用銅錢。次年正月，武宗死，仁宗繼位。四月，仁宗下詔廢止銅錢，仍用鈔。此次行用銅錢只有短短幾個月的時間。至元十年（1250年），元代再次改革幣制，鑄造「至正通寶」銅錢，與歷代銅錢並用。元末，鈔法極壞，銅錢在民間交易中的地位較前重要。故，元代行用銅錢的時間較短，銅除在一小段時間主要用於鑄錢外，其餘時期只用於鑄器，包括禮器、生活用器、兵器、銅印等。

銅錢的棄用使江西的採銅業未能充分發展。天歷元年的歲課中，只雲南行省有二〇〇〇多斤的銅課，包括江西在內的其他地區均無此負擔。但是，一旦銅與幣制聯繫在一起，江西之銅就以其產量大、煉法好、鑄技精而備受矚目。武宗時期第一次行用銅錢，王都中總管江淮泉貨監，饒州德興縣在其管內。此地是故宋的重要鑄錢基地，擁有豐富的銅礦資源和先進的工藝基礎。王都中令工匠以德興所出膽水（硫酸銅溶

· 至大通寶
圖片說明：中國國家博物館藏，直徑2·1釐米。
圖片來源：中國國家博物館編：《文物中國史》第7冊「宋元時代」，山西教育出版社2003年版，第231頁。

液）浸鐵，置換出銅泥，再以火煉之，「悉成美銅」。幾個月間，得銅數十萬斤。以此銅鑄錢，至為精美，時稱「凡天下為監者六，惟江淮所鑄錢號最精」[331]。不久，銅錢廢止，德興的產銅鑄錢業隨之停歇。至正時期再次行用銅錢，江浙、江西等地於至正十一年（1351年）十月設立寶泉提舉司，管領鑄錢事宜。為解決銅料來源，次年三月，設饒州路德興場、信州路鉛山場、韶州路岑水場三處銅冶場，每場置提領、大使、副使等官員。前兩處銅冶場隸江浙寶泉提舉司，後一處隸江西寶泉提舉司。這三處銅冶場是至正時期重要的冶銅鑄錢基地，有兩處在今日江西境內[332]。其中，又以德興場較為重要。它的設立與德興人張理有關。張理見朝廷重興鼓鑄，遂獻上先人張潛在北宋時期所著的《浸銅要略》，指出德興有三處膽泉可以浸鐵成銅[333]。至正十二年（1352年）三月，中書省臣言：「張理獻言，饒州德興三處膽水浸鐵，可以成銅，宜即其地各立銅冶場，直隸寶泉提舉司，宜

331　黃溍：《金華黃先生文集》卷三一《正奉大夫江浙等處行中書省參知政事王公墓誌銘》。

332　據黃頤壽《「吉」字幕「至正之寶」》（載《江西歷史文物》1981年第4期，第89-90頁），清江縣博物館收藏有「至正之寶」大錢，直徑8釐米，重320克，正面鑄楷書「至正之寶」四字，背面鑄楷書「吉」字及「權鈔五錢」字樣。丁福保認為此錢出自吉安，黃氏則認為是在至正時期的幣制改革中所鑄，「出自江西的可能性是大的」。中國國家博物館所藏至正通寶直徑僅3‧4釐米，筆者認為此「至正之寶」大錢可能不是流通貨幣，而是寺院的供養錢，鑄地不明。

333　危素：《危太朴文集》卷十《浸銅要略序》。

以張理就為銅冶場官。」[334]德興場就此設立。至正二十四年（1364 年），江西只有部分地區處於朱元璋的控制之下時，四月，朱元璋令管下的江西行省設置貨泉局，設大使、副使各一人，專門鑄造「大中通寶」大小五等錢[335]。綿延兵燹中，江西豐富的銅礦資源和高超的鑄造工藝仍受到關注。

銅在元代主要不是用於鑄錢，而是用於「爐冶之家銷鑄什器」[336]。江西鑄銅業在當時聲名遠播，其中，吉安鑄造的銅鏡和銅禮器尤為時人所重。

江西地區在宋代有饒州和吉州兩個鑄鏡中心，入元，吉州（吉安）的鑄鏡業依舊興盛，饒州的情況則不甚明晰。目前，九江、南昌、安義等地分別出土或收集到多件元代銅鏡，其中四件的背面鑄有銘文「吉安路胡東有作」或「吉安路城隍廟下禮巷內住胡東有作」。這四件「胡東有」銅鏡鏡身質薄，緣邊突起，紋樣粗放，具有濃郁的仿漢、仿唐鏡的風格。各鏡的紋飾和大小均不一致，由此可知「胡東有」鏡品種繁多。除江西地區發現有此種銅鏡外，廣西的柳州、桂林亦有出土，由此，「胡東有」鏡不僅行銷江西各地，更廣銷南方地區[337]。另，元中期南昌人何德正

---

334 《元史》卷四二《順帝紀五》。

335 《明太祖實錄》卷十四「甲辰（至正二十四年，1364 年）夏四月壬戌」，第 193 頁。

336 程鉅夫：《雪樓集》卷十《銅錢》。

337 陳柏泉：《元明時期江西鑄造的銅鏡》，載《江西歷史文物》1986 年第 2 期，第 107-109 頁。江西省博物館原館長彭適凡先生另惠贈「胡東有」銅鏡背面拓片一件，紋樣與陳文所言不同。

寓居長沙，以鑄造銅鏡為業，所鑄銅鏡的紋飾兼具宛細與粗獷的風格，形象工巧而蒼勁。現湖南省博物館和江西省高安市博物館均有收藏[338]。這是江西鑄鏡技術的向外傳播。

‧胡東有制銅鏡背面

圖片說明：直徑 19 釐米，下部鑄有銘文「吉安路城隍廟下禮巷內住胡東有作」。

圖片來源：江西省博物館原館長彭適凡先生惠贈拓片。

宋元時期的吉州（吉安）文化昌盛，多有精通禮制之士，如廬陵人曾巽初著《鹵簿圖》《鹵薄書》《郊祀禮樂圖》《郊祀禮樂書》各五卷，被不諳禮制的元廷採行，並任命其為大樂署丞。加上當地傳承著宋代以來的精湛鑄銅工藝，遂使吉安成為享譽全國的銅禮器鑄造中心，時人稱「江西冶鑄良合古制……江西以吉安為尤良」，吉安所鑄銅禮器「仿古而尤工」[339]。吉安的銅禮器主要用於祭祀，有簋、簠、爵、玷、尊、勺、罍、洗等種類。元統三年（1335 年），瑞州路儒學所需祭器在廬陵鑄造，省外需祭器者亦不遠萬里，絡繹而至，北有大都以南的涿州孔子廟，西南有雲南的中慶路（治今昆明市）儒學，東面則有山東東

---

338 陳定榮：《元代江西籍鑄鏡師何德正及其作品》，載《南方文物》1992 年 1 期，第 106-107 頁。

339 劉岳申：《申齋劉先生文集》卷六《雲南中慶路儒學新制禮器記》。

阿縣銅城鎮的夫子廟。可見，吉安路所鑄銅禮器已成為行銷各地的著名商品。不僅如此，吉安冶工還常「送藝上門」，以滿足某些買家的特殊需求。大德十年（1306 年），龍興路儒學需要一批形制與以往略有不同的禮器，於是盧陵冶工楊榮甫親至龍興，在諳熟禮制的學官鄭陶孫的監督下，以趙汝梅所繪《舍奠禮器圖》為主，輔以鄭氏所考，為該學鑄造了太尊、山尊、著尊、獻尊、象尊、壺尊等銅禮器共計九十六件，另有「羊、豕鼎各五，餘器合從範金者，皆如禮定其數而補足之」[340]。楊氏此番鑄造的禮器在百件以上，規模很大，且件件精良，獲得了鄭氏的認可，足見其技藝之嫻熟、鑄工之精湛。

第五節 ▶ 交通與商業

　　元朝的疆域超越前代，其在交通方面取得的成就也非常突出。隨著南北取直的京杭大運河的全線貫通、從劉家港（今江蘇省太倉縣瀏河鎮）到界河口（今天津市海河口）的海運主航道的開闢、連通全國的驛站系統的建立，完密的水陸交通網絡將各地緊密聯繫起來。便捷的交通條件有助於商業活動的開展，加上南北統一、紙幣通行全國、重商政策等有利因素，元代的商業呈現出較南宋有所發展的局面。江西作為全國交通網絡的一部分，境內的驛站系統也很完善，商業活動比較繁盛。

340 鄭陶孫：《舍奠禮器記》，見蘇天爵編：《元文類》卷二七。

一　驛站和急遞鋪

　　蒙元自成吉思汗建國，境內就開始恢復或新建驛站，至窩闊台汗時，貫通整個大蒙古國的驛站系統已經建立。忽必烈統一全國後，境內驛路四通八達，驛站星羅棋布，形成了以大都為中心的稠密交通網，驛站成為朝廷對地方進行有效控制的重要手段。據成書於至順二年（1331 年）的《經世大典》記載，元朝直轄的遼闊地域內，北至嶺北、南到兩廣、東到浙江、西至吐蕃都建立了完善的驛站系統，驛站總數在一五〇〇處以上[341]。

　　江西處於「控蠻荊而引甌越，襟三江而帶五湖」的交通要道，在溝通南北、聯絡東西方面歷來具有重要地位。元代江西境內亦建立了完善的驛站系統。《元史・兵志四》載江西行省管內有一五四處驛站，其中以馬匹為主要交通工具的馬站八十五處，有馬二一六五匹，輔二

・蒙元時期的驛站官員
圖片說明：陶制蒙元時期的驛站官員。
圖片來源：〔法〕德阿・托隆著，寶音布格力譯《蒙古人遠征記》，上海社會科學院出版社 2003 年版，第 48 頁。

341　《永樂大典》卷一九四二三；陳得芝《元嶺北行省諸驛道考》，刊於《元史及北方民族史研究集刊》第 1 輯。

十五乘；以船隻為交通工具的水站六十九處，有船五六八只。因今天的江西省與元代的江西行省轄區不盡一致，此記載不足以反映當時江西地區的驛站狀況。據《永樂大典》中殘存的元代官修政書《經世大典》「站赤」諸條記載，至元三十一年（1294 年），今江西省境內共有一一二處驛站，其中馬站六十六處，水站四十六處，沒有南方多山地帶常設的轎站和步站。這與鄱陽湖水系覆蓋了江西絕大部分地區，沿著河流及河流兩側的低平地帶便可通達省內各地有關。現將這一一二處驛站羅列如下[342]：

龍興路（11 處）：在城馬站（在今南昌市城區）[343]、土坊馬站（在今進賢縣架橋鎮土坊村）、進賢馬站、烏山馬站（在今新建西部邊界烏山繞村）、新城馬站（在今新建縣大塘坪境）、章江水站（在今南昌市西濱贛江處）、樵舍水站（在今新建縣樵舍鎮境）、吳城水站（在今永修縣吳城鎮境）、接陂水站（在今南昌縣三江鎮境）、金城水站（在今新建縣昌良、聯圩一帶）、市汊水站（在今南昌縣岡上鎮市汊街一帶）。

江州路（12 處）：潯陽馬站（在今九江市）、赤湖馬站（在今瑞昌市赤湖沿岸）、瀼溪馬站（在今瑞昌市南）、三山馬站（約在今九江賽陽與黃老門之間）、蒲塘馬站（在今德安縣城）、新

342 熊夢祥《析津志》亦記載了江西地區的驛站設置情況，但不如《經世大典》詳細。詳見《析津志輯佚‧大都東西館馬步站》，北京古籍出版社 2001 年版，第 132-133 頁。

343 所謂「在城馬站」「在城水站」，是指驛站設置於路治或州治所在地的城中或近郊。

安馬站（約在今湖口縣凰村鄉）、舊縣馬站（約在今湖口縣文橋鎮一帶）、楊梓馬站（在今彭澤縣馬當鎮）、九江水站、湖口水站、彭澤水站、城子水站（在今九江縣城子鎮境）。

南康路（4處）：在城馬站（在今星子縣城）、修江馬站（在今永修縣艾城境）、在城水站（在今星子縣城）、團山水站（約在今都昌縣城西南）。

饒州路（9處）：在城馬站（在今鄱陽縣城）、椒子馬站（約在今鄱陽縣碧山、田畈街一帶）、石門馬站（在今鄱陽縣石門街鎮境）、餘干馬站、潤陂馬站（約在今餘干縣潤溪湖東岸）、安仁馬站（在今餘江縣錦江鎮境）、在城水站（在今鄱陽縣城）、餘干水站、安仁水站（在今餘江縣錦江鎮境）。

信州路（11處）：在城馬站（在今上饒市城區）、沙溪馬站（在今上饒縣沙溪鎮境）、玉山馬站、草萍馬站（在今玉山縣白雲鎮境）、弋陽馬站、丫岩馬站（在今橫峰縣境）、方桂馬站（在今貴溪縣境）、在城水站（在今上饒市城區）、玉山水站、弋陽水站、貴溪水站。

鉛山州（3處）：在城馬站（在今鉛山縣永平鎮境）、車盤馬站（在今鉛山縣分水關下車盤）、石溪馬站（在今鉛山縣青溪鄉石溪村）。

瑞州路（5處）：在城馬站（在今高安市城區）、高崗馬站（在今高安市新街鎮高崗村）、華陽馬站（在今高安市相城鄉華陽村）、上高馬站、在城水站（在今高安市南錦江邊）。

袁州路（8處）：愛棠馬站（約在今宜春市城區）、萬載馬站、黃廟塘馬站（在今蘆溪縣境）、黃華馬站（在今萍鄉市湘東

黃花橋一帶）、亂石馬站（在今萬載縣株潭鎮境）、西村馬站（在今宜春市西村鎮境）、繡江馬站（約在今宜春市城東）、分宜水站。

　　吉州路[344]（11 處）：螺川馬站（在今吉安市城區）、南嶺馬站（約在今吉水縣黃橋鄉東北）、西昌馬站（在今泰和縣城東）、灘頭馬站（在今萬安縣窰頭鎮境）、五雲馬站（在今萬安縣城西）、造口馬站（在今萬安縣沙坪鎮皂口村）、在城水站（在今吉安市南贛江邊）、白沙水站（在今吉水縣黃橋鄉東白沙村）、淘金水站（在今泰和縣樟塘鄉境）、浩溪水站（在今泰和縣棲龍鄉南浩溪村）、五雲水站（在今萬安縣城西）。

　　建昌路（3 處）：在城馬站（在今南城縣城）、藍田馬站（約在今南城嚴和鄉洪門水庫附近）、在城水站（在今南城縣城）。

　　臨江路（6 處）：在城馬站（在今樟樹市臨江鎮境）、官洲馬站（約在今新干縣城附近）、峽江馬站、在城水站（在今樟樹市臨江鎮）、官洲水站（約在今新干縣城附近）、峽江水站。

　　撫州路（6 處）：在城馬站（在今撫州市城區）、滕橋馬站（在今撫州市滕橋鎮境）、雲山馬站（在今撫州市雲山鎮境）、孔家渡水站（約在今撫州市湖南鄉孔橋村）、石門水站（在今金溪縣石門鄉境）、清遠水站（約在今撫州市桐源鄉近撫河處）。

---

344 《經世大典》反映的世祖至元時期（1264-1394 年）江西驛站的設置情況。成宗元貞元年（1295 年），「吉州路」改稱「吉安路」，故此處仍稱「吉州路」。

南豐州（2 處）：在城馬站（在今南豐縣城）、在城水站（在今南豐縣城）。

贛州路（14 處）：在城馬站（在今贛州市城區）、南田馬站（約在今贛縣五雲鄉南田村）、桂源馬站（約在今贛縣沙地鎮北）、興國馬站、水西水站（在今贛州市水西鄉境）、攸鎮水站（在今贛縣攸鎮圩境）、興國水站、富池水站（約在今興國縣龍口鄉南）、唐村馬站（權設站，約在今於都縣城附近）、下官馬站（權設站，約在今會昌縣城附近）、瑞金馬站（權設站）、雩都水站（權設站，約在今於都縣城附近）、下官水站（權設站，約在今會昌縣城附近）、瑞金水站（權設站）。

南安路（7 處）：在城馬站（約在今大余縣城）、橫浦馬站（約在今大余縣城南）、小溪馬站（在今大余縣新城鎮境）、在城水站（在今大余縣城）、小溪水站（在今大余縣新城鎮境）、南康水站、九牛水站（在今南康市潭口鎮境）。

至元三十一年（1294 年）後，江西境內的驛站有所調整。隨著福建地區正式隸屬江浙行省，處在兩地交通樞紐位置的鉛山州增設了汭口水站，贛閩通道尤其是經由贛州進入江西的驛道重要性大大降低，贛州路的幾處權設站可能被撤銷。也許還有其他一些調整，但不管如何，元代江西境內的驛站總數應在一〇〇處之上。

這一〇〇多處驛站主要沿鄱陽湖和贛江、撫河、信江、錦江、渝水、章水、貢水等幾大河流分布，形成了以行省治所南昌為中心、以章水——贛江——鄱陽湖為紐帶、覆蓋江西全境的驛站系統。這一系統不僅聯通省內，而且通往四鄰：北部經石門站

可到江浙行省的池州路（治今安徽省池州市），西部經黃華站過老關可至湖廣行省的天臨路（治今湖南省長沙市），南部經橫浦站過梅關可去廣東道南雄路（治今廣東省南雄市），東北經草萍站可往江浙行省的衢州路（治今浙江省衢州市），經車盤站過分水關可到福建地區的建寧路（治今福建省建甌市），西南經藍田站過杉關通往邵武路（治今福建省邵武市）。這一完善的驛站系統，將江西與元朝中央和全國各地緊密聯繫起來。

江西境內諸驛站中，最為繁忙的是章水——贛江——鄱陽湖沿線驛站。在這條驛路上，除正常的官員往來、貢賦轉輸外，還因聯通廣州外貿口岸，番貨運輸及相關人員往來亦絡繹其間。龍興路在城馬站有站馬一二〇匹，在南方僅次於杭州路在城馬站，而杭州作為南宋故都，影響猶存，由此可見這條驛路在溝通南北中的重要性。其次是經車盤、鉛山、沙溪、草萍等站連通福建、江西和浙江的驛路。經杉關連通福建和江西的驛路則相對冷清。福建經陸路向北本有兩條驛路，一條經江西，一條經浙江，即「福建赴北水陸驛程明有兩路，建寧去江浙，邵武去江西」，但「出使人員多由江浙，不行江西」[345]。這與福建地區併入江浙行省有關。直到元末方國珍起事，江浙通道被阻斷後，杉關通道的冷清狀況才有所改變。最後，如果說章水——贛江——鄱陽湖沿線驛路既承擔省內連通，又在省際交流中占據重要地位的話，那麼，貢水、錦江、渝水等沿線驛站則更多地承擔省內交流的任

345 《永樂大典》卷一九四二三。

務，故元朝政府只在貢水沿線權設六處驛站，而錦江和渝水聯繫的廣大贛西腹地只有十三處驛站。

忽必烈即位後，在原有的驛站系統之外建置了急遞鋪系統，主要用於傳遞中央重要機構公文、各地官府緊急公文和軍情文書。滅宋後，該系統推廣於江南。急遞鋪的設置原則是「十里，或十五里，或二十里設一急遞鋪。十鋪設一郵長，鋪卒五人」，「一晝夜走四百里，郵長治其稽滯者」[346]。大都則設有總急遞鋪提領所，總領鋪務。

元代江西地區亦設置了急遞鋪系統，與驛站系統互為補充。驛站主要供使臣往來，急遞鋪專用於傳遞軍政文書，二者在江西的分布路線基本一致，後者的數量則可能是前者的幾倍。可以說，當時江西地區的通訊聯絡系統是比較完備的。

元代江西境內的驛站、急遞鋪系統以及以驛路為主幹形成的發達交通網不僅加強了元朝對江西的控制，更有助於江西與外界的經濟文化交流，大儒吳澄北上大都傳播學術、航海商人汪大淵自泉州出海經商，都曾經由這個交通網絡。

二　商人與商業

元代的商業發展客觀上具備一些獨特的有利條件。大一統局面的形成、暢達四方的水陸交通打破了南北阻隔，有利於經濟的交流；紙幣與白銀等通行全國，賦稅政策又規定必須繳納一定數

　　346　《元文類》卷四一《經世大典序錄・急遞鋪》。

量的鈔幣和白銀，夏稅和秋稅部分實行折收，這些條件在一定程度上促使商業化程度的深化和發展。更可注意的是，處於統治地位的蒙古、色目貴族向來注重商業活動，實行既重農又不抑末的政策，民間亦不以經商為恥。因此，得益於元代商業的發展，江西地區的商業風氣頗為濃厚，商稅收入也較為可觀。

元代江西行商的足跡遍及大江南北、幽燕關陝、八閩兩廣、荊楚川蜀，而以京師大都、荊蜀一帶為主。江浙諸暨人王冕《船上歌》描述了一戶以船為家者在運河和長江中下游沿線的觀感，其中有「君不見江西年少習商賈，能道國朝蒙古語。黃金散盡博大官，騎馬歸來傲鄉故」之語[347]。這幾句詩表明，當時江西經商者頗多，經商的最終目的是「博大官」，習蒙古語和經商都是服務於此。要達到這種目的，高官雲集的大都無疑是最佳去處。江西的著名墨工南昌朱萬初、清江潘雲谷攜墨售於京師大都，前者即由此身登仕版。貴溪倪文寶、鄱陽童某以製毛筆為業，所製之筆亦遠達大都。荊蜀一帶也是江西商人比較活躍的地區，「江西走荊蜀，行行三十年。鈴卒遞羽檄，販夫駢擔肩」[348]。反映的正是這種的景況。贛中吳伯讓祖孫三代從元中後期到明初，主要在荊襄一帶的襄陽、沔陽經商，有時又南下嶺南，即使在元末動亂時期都不曾中輟[349]。新淦儒商周孟輝「致遠以服賈，懋遷以贍

347 王冕：《王冕集‧竹齋集卷下》，浙江古籍出版社 1999 年版，第 200-201 頁。
348 方回：《桐江續集》卷三《石頭田》，景印文淵閣四庫全書本。
349 詳見鄧雅《玉笥集》卷三《哭兄伯讓》《憶外舅》，卷六《奉餞外舅之

生」,「嘗越漢沔,由襄樊道秦關,抵雍涼而返」[350],足跡遠及西北。金溪王善「操奇贏之術,游七閩,家乃大穰」[351],主要在福建經商。精於製墨的傅云心亦售墨於閩。金溪吳泰發「賈江湖」[352],卒於衢州(治今浙江省衢州市),可能是以江浙為目的地。元代屬於江浙行省徽州路的婺源商人非常活躍,為這一地域商人所崇奉的土神五通神(木材商人信奉之神)的分布地東至太湖流域的吳縣,西南達廣西梧州印證了這些商人在這一廣大地域行商的蹤跡。南昌商人汪大淵自二十歲始,兩次搭附海船,在東西洋從事貿易,是江西從事海外貿易的商人代表。

就現存文獻看,元代江西大商人不多。永豐韓蒙,「家本江東大姓,善賈,至蒙益畜善田逾數萬畝」[353],這或許是很少得見的一位江西豪富,更多記載反映的是雄於一鄉或「販夫駢擔肩」之類的中小商人。鄱陽劉謙,「善積居之術,以資雄於鄉」[354],吉水蕭雷龍,「家多資,至宋季而貧,乃折節治貨區,不數年間,竟備加昔」[355]。劉、蕭二位當是中等商人。而在龍興開設緞

襄陽》等篇。王秀麗的《元代文人筆下的東南賈客》對此有梳理,載中國元史研究會編《元史論叢》第十輯,中國廣播電視出版社 2005 年版,第 180-197 頁。以下關於元代江西商業的論述,部分參考了該文。

350 梁寅:《新喻梁石門先生集》卷二《贈周孟輝序》。

351 宋濂:《宋文憲公全集》卷六《王府君墓誌銘》。

352 危素:《危太朴文續集》卷九《書吳泰髮妻黃氏篋子詩後》。

353 吳萊:《淵穎集》卷九《韓蒙傳》,叢書集成本。

354 宋濂:《宋文憲公全集》卷六《劉府君墓誌銘》。

355 宋濂:《宋文憲公全集》卷十五《蕭府君阡表》。

子鋪的常四[356]、「將帶至元鈔二貫文一十張前去桐林嶺收買段子」[357]的撫州人袁慶之類，則屬小商小販。

除純粹的興販商人外，江西還有許多身懷一技之長而遊走各地的亦技亦商者。南昌製鏡匠何德正寓居長沙，鑄售精美銅鏡；金溪曾德厚，「遊四方，以數談人福禍」[358]，吉安尹壽翁「挾雷法星書，走數百里外，藉是為井田取養」[359]，二人是以卜算之藝遊食四方；上饒尹國壽工於篆書，以刻印技藝「遊士大夫之門」[360]；富州雷友諒，「見器物，輒肖而為之，為之無不成，成之無不精」，即精於雕塑，他「將游匡廬，造武當，尋高僧高道，問向上事」[361]，實是靠為寺觀塑像為生；江西羅某以「賣碑刻」[362]，遊至蘇浙一帶；吉安人彭斯立、彭斯高兄弟和臨江人周仁可擅長刻書，於後至元年間（1335-1340 年）成為由徽政院主持的官刻大藏經的刻工[363]，等等。

外地商人亦有長期在江西經商者。徽州祁門人凌千十，長期離鄉船居，「歷涉江河有年，買賣輕重隨其時」[364]。其經商的範

356 《元典章》卷二十二《戶部八・課程・匿稅・軍人孫真匿稅》。
357 《元典章》卷五十《刑部十二・諸盜二・掏摸・掏摸鈔袋賊人刺斷》。
358 吳澄：《吳文正公全集》卷十六《贈曾德厚序》。
359 趙文：《青山集》卷一《送尹壽翁序》。
360 吳澄：《吳文正公全集》卷十九《贈尹國壽序》。
361 吳澄：《吳文正公全集》卷十五《送雷友諒序》。
362 孔齊：《至正直記》卷四《江西羅生》。
363 董瑋、方廣、金志良：《元代官刻大藏經的發現》，載《文物》1984 年第 12 期，第 82-86 頁。
364 曲利平、倪任福：《江西鷹潭發現紀年元墓》，載《南方文物》1993

圍主要在贛東北的饒河和信江流域，長女嫁於鄱陽，幼女嫁於貴溪，本人則卒於鄱陽，葬於貴溪。

在缺乏系統完整的商業資料的情況下，商稅的多少是商業活動興盛與否的主要參照。元制，交易三十稅一，即徵收 3．3％的商稅。元中期，江西行省商稅 62000 餘錠，次於江浙行省的 26 萬餘錠、大都宣課提舉司的 11 萬餘錠和湖廣行省的 68000 餘錠，居第四位。按照元前期的規定，歲課商稅 10000 錠之上者，設從六品稅務提領，全國僅有杭州在城務、江漲務、（大都）城南務及真州（治今江蘇省儀征市）務四處。歲課商稅 5000 錠者，有平江（治今江蘇省蘇州市）、潭州（治今湖南省長沙市）、太原、揚州、武昌等八處，江西地區沒有。歲課 3000 錠之上者，全國共二十二處[365]，江西地區有龍興路、吉安路、清江鎮三處[366]。歲課 1000 錠之上者三十七處，江西地區有江州路、饒州路、萍鄉州三處。歲課 500 錠之上者一〇〇處，江西的南昌縣、贛州路、新喻州、浮梁景德鎮、袁州路、萬載縣、建昌路、盧陵

年 4 期，第 25-27 頁。

365 《元典章》卷七《吏部一・官制一・職品・內外文武職品》載歲課商稅「三千定之上二十一處」，下面實列 22 處。查同書卷九《吏部三・官制三・場務官・額辦課程處所》，歲課商稅 3000 錠之上者亦是 22 處。《元典章》載錄的公牘文書下迄於英宗至治二年（1322 年），反映的是元代前中期的標準和歷史狀況。

366 《元典章》卷七《吏部一・官制一・職品・內外文武職品》及同書卷九《吏部三・官制三・場務官・額辦課程處所》均未載萍鄉州稅務，但《吏部三・官制三・場務官・內外稅務棊闕》載萍鄉州稅務為正八品。

永和鎮、宜春縣、信州路、瑞州路、撫州路、富州、新淦州、分宜十四處名列其中[367]。由此，元代江西地區專設稅務總計二十處，商稅收入大概處於全國的中等水平。

以上稅務的設置基本反映了元代江西地區商業活動的分布情況，即贛江中下游和鄱陽湖沿岸最為興盛，尤以龍興、吉安、清江鎮三地最為顯著；處在省際通道上的萍鄉、新喻、萬載也很可觀；具有特色產業且交通便利之區的商業活動同樣引人注目，如浮梁縣景德鎮、廬陵縣永和鎮。龍興路的商業輻射面較大，是江南重要的商業中心，南昌則是「舸艦迷津，富商大賈之會」[368]。有兩齣元雜劇提到了南昌，其一說，河南府路（治今河南省洛陽市）錄事司醋務巷民戶李德昌開著個絨線鋪，「將帶資本課銀一十錠，販南昌買賣」[369]；其二說，河南府路王文用「守本分做著些營生，度其日用」，「將帶些小本錢，到江西南昌地面，做些買賣」[370]。至正二十二年（1362年），江西已處在陳友諒部與朱元璋部的反覆爭奪之中，烽火遍地，但仍有不少商人在南昌附近貿易[371]。另一方面，江西的商業發展也是不平衡的，一些僻處一

367 與萍鄉務一樣，撫州路、富州、新淦、分宜四務亦未見於前兩條史料，僅見於《內外稅務巢闕》條。
368 虞集：《道園類稿》卷二六《龍興路新作南浦驛記》。
369 孟漢卿：《張孔目智勘魔合羅》，見臧晉叔編《元曲選》，中華書局1958年版，第1368-1388頁。
370 佚名：《硃砂擔滴水浮漚記》，見臧晉叔編《元曲選》，第386-403頁。
371 《明太祖實錄》卷十「壬寅（至正二十二年，1362年）春正月戊辰」（台灣「中央研究院」歷史語言研究所校印本，第126頁）：「鄧克明既逃歸新淦，復收集舊部曲，仍肆劫掠。聞上（引者註：指朱元璋）

隅的路州，商業活動比較沉寂。如撫州，「非舟車貨財之聚，非都會官府之總」，「貧者儘力於耕，富者取利不出於田畝，不事商賈」[372]，本地大商人比較少見。撫州的外地客商亦不多，如崇仁縣，「舟載之濟，往多而來寡，無十百之利，大賈不至」[373]，樂安縣「僻在萬山，地瘠民貧，富商巨賈之所不至」[374]。估計建昌路、南豐州等地的情況與此類似。

另就商業的內部構成和運營方式而言，城鎮與農村間的差異也很明顯。「城郭之民，類多工商」[375]，始於延祐七年（1320年）的包銀主要針對商人徵收，在商業不算發達的瑞州路上高縣，繳納包銀的商人有一〇三戶，回回一戶，南昌、廬陵等地當更多。城鎮商業一般按行業集中經營，多設有店鋪。虞集對南昌城西橋步門附近的商業景像有這樣的描述：「閭閻闤闠，列肆成市，居

至龍興，遠近皆降，懼不自安。欲復降，恐見誅，乃詐為商賈，乘小舟至龍興城下，潛使入覘伺。」同書卷十一「壬寅（至正二十二年，1362年）三月癸亥」（第138頁）：「上即發使詣洪都，令二人（引者註：指祝宗、康泰）將所部兵往湖廣，從徐達聽征。二人舟次女兒港，遂以其眾叛。適遇商人布船，因其布為旗號反，兵劫洪都。」這段話表明，至正二十二年兵亂時，南昌城外的江河中仍有不少商船往來。

372 虞集：《道園類稿》卷二六《撫州路總管題名記》。
373 虞集：《道園學古錄》卷三七《崇仁縣重修縣治記》。
374 黃德民：《樂安縣誌序》，見方湛等纂修康熙《樂安縣誌》卷首，台北成文出版有限公司1989年。
375 王結：《文忠集》卷六《善俗要義》。

貨充斥。」[376]饒州安仁人曾子羣「善植生」，「門有貿易之肆」[377]。農村一般有定期的「市」或廟會。景德鎮有湖田市，主要交易瓷器，景德鎮稅務很可能設於此地。吉水有醪市，可能是以酒為主的集散地。廟會以婺源為代表。每年夏初的釋迦牟尼誕辰日，「上窮荊越，下極揚吳」的四方祈福者彙集當地靈順廟前，「銜舟塞川，重霧翳陌」，「富商大賈因人所聚以為市」[378]，廟前「百賈列區，珍貨填積」[379]，經旬乃止，為當地一盛。

江西進入流通領域的商品以糧食為大宗。豐年，部分路州的糧食有賴客商轉輸；災年，各路州都竭力攔截糧船，留境銷售。江州是外地米穀進入江西的重要口岸，一度免徵民米之稅[380]。贛中的清江縣，「薪米仰北道」[381]，糧食有賴輸入。吉安錄事司偶開酒禁，釀酒用糧的交易隨即活躍，甚至出現「開城曉避麴車道」的情景[382]。贛北的南康路，「山城小郡，產米有限，余靠荊湘、淮浙米穀通相接濟」，逢上災年，更需「客旅通行興販，庶幾米穀周流，荒稔通濟」，而「所在官司妄分彼我，禁止米穀，

376 虞集：《道園類稿》卷二六《龍興路新作南浦驛記》。
377 李存：《俟庵集》卷二三《曾子羣行狀》。
378 黃溍：《金華黃先生文集》卷三八《奉議大夫餘姚州知州致仕范公墓誌銘》。
379 吳師道：《吳禮部文集》卷十二《婺源州靈順廟新建昭敬樓記》。
380 《元史》卷一六二《史弼傳》。
381 趙文：《青山集》卷五《臨江路高平橋碑記》。
382 劉詵：《桂隱集·萬戶酒歌》，載顧嗣立編：《元詩選二集·己集》，第 800 頁。

毋令出境」[383]，容易造成糧荒。贛東南的南豐州，「本是窮原去處，山多田少，地狹民貧，雖遇豐年，猶有不給」，常年仰賴「客船運米」，饑饉之年，「州民前往下江販運，多被龍興、撫、建闌邊，不許到州」[384]，等等。土地亦是重要的商品，龍興路靖安縣民戶舒仁仲即違規將岳父的二十五畝三分地私自出賣[385]。

除糧食、土地外，其他進入流通的商品種類繁多，鹽、茶、蔬菜、魚、鳥、蕨、鞋、紡織品、瓷器、柴薪等時鮮野味與日用所需都成為商品，以致元人有「列一百二十行經商財貨」之說。文人柳貫描繪了元中期南昌城的商業景象：「豫章城西江上舟，船翁夾舵起紅樓。官鹽法茗有饒乏，市利商功無算籌……賣屨山翁歸未歸，洲南日日候荊扉……十里來城肩擔重，新晴菜把賤如泥。」[386]可見，南昌城中，鹽、茶、草鞋、蔬菜等都是商品。鄱陽湖畔的饒州盛產魚類，漁民常將其製成干魚，李高三即是販賣干魚的商人。盧陵城東贛江上的漁夫「舉罾出魚輒數十，落日光射金鱗鱗。楓橋煙起新酒熟，共穿小魚飲西鄰。大魚雖肥且勿食，明朝賣與城中人」[387]，即小魚自食，大魚出售。盧陵城外「土人」捕得黃雀，高價出售，「高明購買貴初出，但取悅口寧

---

383 《元典章》卷三《聖政二·救災荒》。
384 劉壎：《水云村泯稿》卷十四《呈州轉申廉訪分司救荒狀》。
385 《元典章》卷十九《戶部五·田宅·典賣·舒仁仲錢業各歸元主》。
386 柳貫：《柳待制集》卷二《洪州歌》，四部叢刊初編本。
387 劉詵：《桂隱集·小洲暮漁》，載顧嗣立編《元詩選二集·己集》，第793頁。

論資」[388]。野菜亦是廬陵城中人喜食之物，城外人「春採薇，嬰兒拳，賣與豪門破肥鮮，年年得米不費錢」[389]。撫州路樂安縣潘瑀，「凡以薪芻、線布等貿易者，不問可否，必隨賈酬之」[390]，可見，在樂安，薪柴、布匹等都是商品。

浮梁景德鎮、廬陵永和鎮等地所出瓷器是江西輸往海外的大宗商品。當時，東南亞一些非印度化地區普遍存在著對中國陶瓷的崇拜觀念，使中國的甕、壇等粗陶和瓷器在這些地區一直保持旺銷勢頭。東非沿海的伊斯蘭文化區，穆斯林喜用中國的青花瓷碗、碟鑲嵌成圖案，用來裝飾清真寺的天花板和門道上的拱腹、「柱墓」的外表及墓前大柱，今伊朗、土耳其等地的穆斯林則喜愛大盤、罐等日用青花瓷，以上地區對中國瓷器有很大需求[391]。元代瓷器出口以處州（治今浙江省麗水市）龍泉、泉州、景德鎮等地瓷器為多，其中「青白花磁」和「青白磁」兩類應主要產於景德鎮。十四世紀四十年代，摩洛哥丹吉爾人伊本·白圖泰遊歷廣州，見該城「最大的街市是瓷器市，由此運往中國各地和印

388 劉詵：《桂隱集·謝王宜遠餉黃雀》，載顧嗣立編《元詩選二集·己集》，第 793 頁。

389 劉詵：《桂隱集·後採薇歌》，載顧嗣立編《元詩選二集·己集》，第 788 頁。

390 何中：《知非堂外稿》卷四《元故石壁潘瑀翁妻黃氏孺人行狀》，見李修生主編《全元文》卷六九〇《何中三》，江蘇古籍出版社 2001 年版，第 214-216 頁。

391 高榮盛：《元代海外貿易研究》，四川人民出版社 1998 年，第 136 頁；彭濤：《元代景德鎮青花瓷器的外銷及相關問題》，載《南方文物》2003 年第 2 期，第 101-107 頁。

度、也門」[392]。廣州的瓷器中，來自景德鎮、永和鎮以及贛州七里鎮的可能占有相當大比重。一九七六年，在韓國西南部木浦港附近海底發現的一艘元中期從中國出發前往日本的貨船上裝有許多瓷器，其中的青白瓷、白地彩繪瓷可能來自景德鎮與永和鎮。此外，菲律賓、泰國、伊朗、土耳其、埃及、坦桑尼亞等國都出土有元景德鎮所產青花瓷、卵白釉瓷或釉裡紅瓷，馬來西亞、印度尼西亞亦出土了大批元景德鎮青白瓷，其數量僅次於浙江龍泉系青瓷。這些都充分說明了元代江西外銷瓷器的數量巨大。

元代以紙幣作為基本的流通貨幣，間或使用銅錢和白銀。一般情況下，中央戶部之下設諸路寶鈔都提舉司、寶鈔總庫、印造寶鈔庫、燒鈔東西二庫等機構，地方則分設平準行用庫和行用庫兩等，作為貨幣管理機構。其中，平準行用庫為從七品，既可兌換金銀，亦能倒換昏鈔，一般設於商品流通活躍的路一級城市中；行用庫為從八品，只能倒昏鈔，多設於路、府或州。據載，元中期，全國共設平準行用庫六十五處、行用庫九十處，江西地區有龍興路、江州路、吉安路、贛州路、撫州路、臨江路、袁州路、瑞州路、饒州路九處平準行用庫和信州路、鉛山州、南康路、建昌路、南豐州、南安路六處行用庫[393]。一九八三年六月，九江市區出土一枚至元三十年（1293 年）由中書省禮部鑄造的

---

392 馬金鵬譯《伊本·白圖泰遊記》，寧夏人民出版社 1985 年版，第 552 頁。
393 《元典章》卷九《吏部三·官制三·倉庫官·平準行用庫窠闕》和《行用庫窠闕》。

「江西等處行中書省燒鈔庫」印[394]，反映了當時江西行省遵制將各路州平準行用庫和行用庫倒換的昏鈔集中於燒鈔庫進行燒燬的情況[395]。但是，元廷發行的紙鈔不能滿足江西商業活動的需求。由於江西的民間小額交易活躍，不乏菜把、草鞋、薪柴、線布之類價賤的小商品，而元朝發行的紙幣一度零鈔不足，或者「州郡庫官不以便民為心，往往憚小勞而不領取」，使民間交易缺少小額紙鈔，由此造成的後果，南城人程鉅夫如是說：「比來物貴，正緣小鈔稀少，謂如初時直三五分物，遂增為一錢。一物長價，百物隨例。」[396]為解決交易不便的問題，更為避免物價上漲，江西民間遂多有不顧銅錢禁令而私下行用者。大德七年（1303年），鄭介夫說：「即今民間所在私用舊錢，准作廢銅行使，幾於半江南矣。福建八路純使廢錢交易，如江東之饒、信、浙東之衢、處，江西之撫、建，湖南之潭、衡，街市通行，頗是便

394 戶亭風、王少華：《九江出土元代燒鈔庫印》，載《文物》1984 年第 10 期，第 41 頁。該文又全文轉載於《中國錢幣》1985 年第 3 期，第 61 頁，圖片略有不同。

395 據《元史》卷九三《食貨志一‧鈔法》，各地所倒昏鈔，「每季各路就令納課正官，解赴省部焚燬，隸行省者就焚之」。又據《元典章》卷二十《戶部六‧昏鈔‧行省燒昏鈔例》，至元二十八年（1291 年）七月，江西行省接中書省公文，要求「行省所轄的路分裡倒換昏鈔」，由「省官每、行臺官每一處，若無行臺的地面裡，與廉訪司官一同相關防省燒」。即江西行省內各路州倒換的昏鈔均須解赴行省治所，由行省官員和肅政廉訪司官員共同監燒。

396 程鉅夫：《雪樓集》卷十《民間利病‧江南買賣微細宜許用銅錢或多置零鈔》。

・至元二十一年（1284 年）新渝州造銅權：左兩張為實物正反兩面圖，右兩張為正反兩面的銘文拓片。2003 年 4 月新余市博物館徵集而至。青銅質，為六台體，上小下大，平底內微凹陷，方形圓孔權鈕，底長 5.5 釐米，底寬 3.8 釐米，高 10.5 釐米，重 0.95 千克。正面銘文為「新渝州造」，背面銘文為「元廿一囗」四字，皆為陽文。

圖片來源：章國任《新渝州造銅權》，載《南方文物》2003 年第 3 期，第 111 頁。

利。」[397]可見，饒州、信州、撫州、建昌諸路，民間以銅錢作為小額貨幣是普遍現象。另外，當時，江西城鄉還可能採用了茶帖、面帖、竹牌、酒牌等作為零鈔的替代物，而這也在官府的禁治之例[398]。

商業活動必然不可缺少衡器。目前，江西是全國出土元代銅權（秤錘）較多的地區，南昌、瑞昌、吉安、新余、萍鄉、贛州、安福、宜春均有發現。萍鄉市博物館收藏的兩枚銅權，鑄文

397 鄭介夫：《上奏一綱二十目・鈔法》，見邱樹森、何兆吉點校《元代奏議集錄（下）》，第 68 頁。

398 《元典章》卷二十《戶部六・鈔法・雜例・禁治茶帖酒牌》。

分別為「袁州路總管府大德七年造」「袁州路萍鄉州大德七年造」，另一枚發現於新余的鑄有「新渝州造」字樣的銅權，同樣表明是由當地官府督造[399]。元制，斗、秤、尺等度量衡器由官府統一製造，頒行民間，即「各路總管府驗所轄司縣街市民間合用斛斗秤度，照依省部元降樣製造成，委本路管民達魯花赤、長官較勘相同，印烙訖，發下各處，公私一體行用，常切關防較勘」[400]。江西出土的這些銅權說明官府規定得到執行，這有利於公平交易。但是，在實際的商業活動中，私造度量衡的情況仍很普遍。在商業繁盛的吉安路，「河岸市井行鋪之家多有私造斛斗秤尺，俱不依法，又有違禁使用亡宋但有蠻桶，大小不同」[401]。

元代江西的商業活動中還有高利貸和典當業務。高利貸有官、私之分。斡脫總管府、泉府司、泉府院為元代官營高利貸的最高管理機構，「掌領御位下及皇太子、皇太后、諸王出納金銀事」[402]，即主要是為蒙古貴族經營高利貸業務。泉府司轄下有行泉府司，江西行泉府司是其中之一。臨江路新淦人胡頤孫曾任職於該機構。大德二年（1298 年），阿只吉大王遣人前往江南追索斡脫錢（高利貸）本息，江西行省名列其中。後，行省官員援引忽必烈聖旨：斡脫錢若是「為民借了，雖寫作梯已文契，仰照

---

399 劉禮純：《瑞昌縣出土元代銅權》，載《江西歷史文物》1983 年第 2
　　期，第 9 頁；涂偉華：《元代銅權考析》，載《南方文物》2006 年第 2
　　期，第 112-113 頁。
400 《元典章》卷五七《刑部十九・諸禁・雜禁・禁私斛斗秤尺》。
401 《元典章》卷五七《刑部十九・諸禁・雜禁・斛斗秤尺牙人》。
402 《元史》卷十一《世祖紀八》。

勘，端的為差發支使，有備細文憑，亦在倚閣之數」[403]，即地方官員若是為完納賦稅而借高利貸，即使以個人名義支借，也可暫不歸還。這說明，元代江西的官營高利貸中，有一部分是地方官府所借。典當鋪在元代稱解庫或解典庫。江西有些典當鋪的資金比較雄厚，如龍興路錄事司熊瑞曾將一二○○多顆珍珠和六個玳瑁梳典於誠德庫，典得中統鈔一二五兩[404]。

　　江西的部分商業活動中有牙人進行居間經紀。元朝規定，「客旅買賣，依例納稅。若更設立諸色牙行，抽分牙錢，刮削市利，侵漁未便。除大都羊牙及隨路買賣人口、頭匹、莊宅牙行依前存設，驗價取要牙錢，每十兩不過二錢，其餘各色牙行，並行革去」，即除人口、牲畜、田宅的買賣外，其餘交易不許設牙人作為中介。但是，江西的許多商業活動中依然活躍著牙人的身影（因屬官府禁治之列，故稱私牙）。前述饒州李高三販賣乾魚時，按規定不許以牙人為中介，但在實際的交易中，照例離不開牙人的參與[405]。吉安路「有一等詐稱牙人，把柄行市，及將好米拌濕白面，插和米粉，情弊多端」[406]。所謂「詐稱牙人」，即不被官府所承認的私牙。他們把持行市，摻假造假，不利於商業的發展。

---

403 《元典章》卷二七《戶部十三‧錢債‧斡脫錢‧斡脫錢為民者倚閣》。
404 《元典章》卷二七《戶部十三‧錢債‧解典‧解典金銀諸物並二週年下架》。
405 《元典章》新集《刑部‧諸殺‧戲殺‧李杞一身死》。
406 《元典章》卷五七《刑部十九‧諸禁‧雜禁‧勒斗秤尺牙人》。

總體而言，元代江西商業在南宋的基礎上應該有所發展，進
入流通領域的商品種類繁多，城鄉交易活躍，商人足跡遍及全
國，境內以龍興、吉安、清江三地為最重要的商業中心。就全國
而言，江西大致處於中等水平，算不上商業最盛之區。

第三章 ——

元代江西的蒙古人
和色目人

自成吉思汗開始，蒙古貴族通過一系列征伐戰爭，建立起一個疆域遼闊的大蒙古國，它不僅包括「北逾陰山，西極流沙，東盡遼左，南越海表」的元朝直接管轄的地域[1]，名義上還包括西北各宗藩國，即欽察汗國、伊利汗國、窩闊台汗國和察合台汗國。這是一個境域覆蓋了北至北極圈、西瀕地中海、南臨波斯灣、阿拉伯海和印度北部、東到太平洋西岸的龐大帝國。這些汗國名義上尊奉元朝為宗主，實際上與元朝的關係有親有疏。各汗國之間有驛路相連，時稱「我國家疆理之大，東漸西被，暨於朔南，凡在屬國，皆置驛傳，星羅棋布，脈絡貫通，朝令夕至，聲聞畢達」[2]。由於交通暢達，中亞、西亞以至東歐、北非不斷有人進入元朝轄境，吉安人王禮說當時是「適千里者如在戶庭，之萬里者如出鄰家」[3]。這使蒙元時期成為中國歷史上前所未有的民族遷徙和混居的時代。

元朝滅南宋後，繼承金朝舊制，根據民族和被征服地區的先後，把全國人口分成蒙古、色目、漢人、南人四等，在政治待遇、法律地位及其他權利、義務等方面有種種不平等的規定。蒙古為元朝國族，地位最高；色目人即西域人，其範圍「極廣漠，自唐兀、畏吾兒，歷西北三藩所封地，以達於東歐，皆屬焉」[4]，即包括玉門關、陽關以西直至歐洲廣大區域進入元朝的

1　《元史》卷五八《地理志一》。
2　《永樂大典》卷一九四一六《經世大典·站赤》。
3　王禮：《麟原文集》卷六《義冢記》。
4　陳垣：《元西域人華化考》，上海古籍出版社 2000 年版，第 1 頁。

人口；漢人概指淮河以北原金朝統治區的漢族、契丹、女真等族和較早為蒙古征服的雲南、四川兩省及高麗人；南人指最後為元朝征服的原南宋統治區內各族，具體說來，即江浙、江西、湖廣三行省及河南行省的江北、淮南諸路人。江南雖屬第四等，但其發達的經濟、昌盛的文化、秀麗的風光、宜人的氣候不斷吸引著大量蒙古人、色目人和漢人進入，元朝實行的職官民族限制及駐軍需要也使許多人不斷被派至江南，時稱「中土人士南走若水趨下，家而占籍者有之，銜命仕者又倍蓰焉」[5]。在這種背景下，元代的江西地區出現了許多蒙古人和色目人的身影，境內呈現出民族成分多樣、文化交流活躍的特點。

一　蒙古、色目人進入江西的機緣

元代的江西地區，總體說來是漢族人口占絕對多數，但不乏蒙古人和色目人。至元二十六年（1289 年）統計江南戶口，規定「凡北方諸色人寓居者亦就籍之」[6]，即蒙古人、色目人、北方漢人等南來人口均登入戶籍。元代撫州路有南北戶二一八九七七戶[7]，南安路南北戶一一六六七戶[8]，瑞州路上高縣南北戶三三三八四戶[9]。其中的「南戶」指當地舊有人戶，「北戶」則指北來

5　許有壬：《至正集》卷五三《葛世榮墓誌銘》。
6　《元史》卷十五《世祖紀十二》。
7　弘治《撫州府志》卷十二《版冊一・戶口》。
8　劉節：嘉靖《南安府志》卷二十《食貨》，天一閣藏明代方志選刊續編本。
9　嘉靖《上高縣誌》卷上《賦產・戶口》。

的蒙古人、色目人和北方漢人。撫州、上高在江西屬於較偏僻的地區，尚且有北來人戶，那麼，地處通衢的江州、龍興、吉安、贛州等地，北來人戶自然更多。大德二年（1298 年），吉州請求下轄諸州設立譯史（筆譯人員），反映了蒙古人、色目人的頻繁出現[10]。因當地色目人較多，死後多就地安葬，後該路達魯花赤營建義冢，作為「西域氏族塋」，專用於營葬西域諸族人。龍興路亦有西域義冢，乃哈剌魯人薛昂夫所建，「以待其故鄉之歸終於此者」[11]。王禮為此感嘆：「西域之仕於中朝，學於南夏，樂江湖而忘鄉國者眾矣。歲久家成，日暮途遠，尚何屑屑首丘之義乎！」[12]

元代蒙古人、色目人進入江西，或為官任宦，或鎮戍駐守，或經商求利，或求學問師，或遊歷觀光，或奉命出使，有些人因長期寓居而占籍成為當地人，有些人僅作短期停留。因後兩類多屬短期停留，下文將分析前四類進入江西的蒙古人和色目人。

任官。元中期共有品官二二四九〇人，其中百分之三十點一二為蒙古人與色目人，百分之六十九點八八為漢人和南人[13]，後者比重明顯高於前者。但是，為了保證人數較少的蒙古人的絕對統治地位，元朝規定某些重要官職必須由蒙古人及其助手色目人擔任，漢人和南人不得染指，某些高級官職則多用蒙古人和色目

10　《元典章》卷十二《吏部六·吏制·譯史通事·各州不設譯史》。
11　虞集：《道園類稿》卷二五《馬清獻公基亭記》。
12　王禮：《麟原文集》卷六《義冢記》。
13　《元典章》卷七《吏部一·官制一·職品·內外諸官員數》。

人。如作為一方封疆大吏的行省重要官員，蒙古人、色目人居多。日本學者植松正統計元代四行省（江浙、江西、湖廣、河南）宰相（含左丞相、平章政事、左丞、右丞、參知政事四類行省長官），江西行省有一一七位。這一一七人中，蒙古人和色目人有六十八位，占總數的百分之五十八[14]。其中，常制下的行省平章兩員及非常時期的左丞相一員因兼管軍事，總督本省軍馬，一般以蒙古人充任，間或擇用色目人，漢人不得任職。上述一一七位江西宰相中，左丞相、平章政事（包括泛稱的丞相）共四十三位，除史弼一人以漢人身分任平章外，其餘均是蒙古人與色目人。而史弼通蒙古語，蒙古名塔剌渾，從攻南宋，是與蒙古上層深相溝通且功勳卓著的人物[15]。這充分說明了蒙古人、色目人在江西行省宰相級重要官員中的比重。至於行省以下的路、州、縣及錄事司，至元二年（1265 年），元朝定製：「以蒙古人充各路達魯花赤，漢人充總管，回回人充同知，永為定製。」[16]至元五年（1268 年）、十六年（1279 年），元廷兩次大規模清除擔任達魯花赤的漢人[17]。元代江西地區有十三路、十二錄事司，近二十

14　植松正：《元代江南政治社會史研究》，第 190-209 頁。其中江西右丞郝天挺，植松正據《元史》本傳列為朵魯別人，屬色目人。經蕭啟慶考證，郝天挺當為太原人，屬漢人。見蕭著《元代蒙古人的漢學》，載《蒙元史新研》，台灣允晨文化實業股份有限公司 1994 年版，第 95-216 頁。茲采蕭說。
15　《元史》卷一六二《史弼傳》。
16　《元史》卷六《世祖紀三》。
17　《元史》卷六《世祖紀三》，卷十《世祖紀七》，卷八二《選舉志二》。

個州，近五十個縣，擔任路、州、縣、司達魯花赤和路同知的蒙古人、色目人數量不會太少。元後期，隨著進入漢地的蒙古、色目人日益增多，其漢文化水平逐漸提高，元廷進一步規定：「以蒙古、色目氏參佐簿書曹官」[18]，即蒙古人、色目人可以擔任經歷、主簿等參佐文職。江西地區的蒙古、色目官員進一步增加。江浙行省掾史月忽難就是在這種背景下獲任臨江路經歷的。至正十二年（1352 年）天完紅巾軍進攻龍興時，南昌城內僅右榜進士（即蒙古、色目進士）就有十六人之多[19]。可以想見，當時在南昌的其他非進士出身的蒙古人與色目人當更多。

因官進入江西的蒙古人、色目人中，有些後來定居江西。著名文人馬彥會，「其先西域人也，自祖始家於燕」，自其父開始，相繼任官於江西，於是「三世家豫章」[20]。高昌人袁州海牙，其祖也初任袁州稅務大使，因而居於宜春[21]。崇仁縣達魯花赤麻合謀在該縣任職十五年後，「因家於邑之東耆」，就此定居崇仁。其弟馬雅志隨其而居，後中至正十年（1350 年）江西鄉試[22]。有些人雖未留居江西，但在任期內深受漢文化影響，與江西儒人互

18　劉基：《誠意伯文集》卷五《送月忽難明德江浙府總管謝病去官序》，四部叢刊初編本。

19　包希魯：《守城記》，見同治《南昌府志》卷十八。

20　甘復：《山窗余稿·送馬彥會歸豫章》，豫章叢書本。

21　徐璉、嚴嵩纂修：正德《袁州府志》卷八《人物誌》，天一閣藏明代方志選刊本。

22　雍正《崇仁縣誌》卷四《名宦傳·麻合謀》；弘治《撫州府志》卷十九《科第二》。

為師友，甚至締結秦晉。江西行省參知政事廉恂，出身畏兀兒顯赫世家，工詩文，著《廉文靖公集》。任職江西期間，師事豫章大儒熊朋來，離職後，終身稱門人[23]。

　　駐軍。為保證對軍隊的絕對控制權，元朝軍事機構的主要官員以蒙古人為主，輔以色目人。如中央樞密院中，知院多由蒙古人充任，少數色目人可躋身其列，同知也基本由蒙古人、色目人包攬，副使以下才參用漢人。元代江西行省幾度臨時設立樞密院的派出機構——行樞密院，其官員自然以蒙古人、色目人占優勢。江西行省內的鎮守軍分設為諸萬戶府。至元二十一年（1284年）八月，元朝擬定軍官條例，以蒙古人、色目人及不通漢語的女真人和契丹人充萬戶府達魯花赤[24]。鎮守撫州的有撫州和處州兩個萬戶府，前者的元帥先後有闊闊出、黨兀歹等，後者的元帥中則有蒙古人壽同[25]。千戶的長官中也多有蒙古人與色目人，如臨江萬戶府上千戶所達魯花赤是蒙古乃蠻氏也先不花，建昌路的千戶中有哈剌魯人（屬色目人）抄兒赤。

　　這些蒙古和色目軍人進入江西後，有些從此定居下來。如抄兒赤三世皆為當地戍軍，至第四代開始學習漢文化，並與漢人聯姻[26]。臨江也先不花之子買奴亦兼習蒙古文與漢學。

23　《元史》卷一二六《廉希憲傳》。
24　《元史》卷十三《世祖紀十》。
25　虞集：《道園類稿》卷二六《撫州萬戶府重修公宇記》《處州萬戶府重建公宇記》。
26　揭傒斯：《揭文安公文集》卷四《送也速答兒赤序》。

第三章・元代江西的蒙古人和色目人

263

經商。元朝支持商業活動，國內外貿易興盛，但是，蒙古人自身不善經營，主要是色目人利用元朝對商業的保護，四方貿易。色目人中，尤以回回擅長貿易、精於理財。早在元初，周密就說，元初回回在江南者尤多。《明史》卷三三二《西域傳・默德那》則載：「迄元世，其人（引者註：指回回）遍於四方，皆守教不替。」即元代回回遍於四方。對回回來說，中國東南是極好的貿易之區。摩洛哥人伊本・白圖泰曾在廣州、泉州、杭州等地遊歷，江西是其經行的地區之一。他的旅行經歷證明了回回在這一帶進行貿易既便利又安全：

　　穆斯林商人來到中國任何城市，可自願地寄宿在定居的某一穆斯林商人家裡或旅館裡。如願意寄宿在商人家裡，那商人先統計一下他的財物，代為保管，對來客的生活花費妥為安排。來客走時，商人如數送還其財物，如有遺失，由商人賠償。如願意住旅館，將財物交店主保管，旅店代客人購買所需貨物，以後算賬。如來客想任意揮霍，那是無路可走的……對商旅來說，中國地區是最安全最美好的地區。一個單身旅客，雖攜帶大量財物，行程九個月也盡可放心。因他們的安排是每一投宿處都設有旅店，有官吏率一批騎步兵駐紮。[27]

27　馬金鵬譯《伊本・白圖泰遊記》，寧夏人民出版社 1985 年版，第 550 頁。

元代江西地區應有不少經商的回回。延祐七年（1320 年），江西行省上承中書省下發咨文，令回回當差並納包銀。包銀的徵收標準是「每戶額定包銀二兩，折至元鈔一十貫。驗著各家物力高下，品答均科」[28]。這主要是由於回回多從事貿易，此前只需繳納商稅而不必承擔其他義務，與其他人戶相較，顯得負擔太輕。據嘉靖《上高縣誌》，元代該縣「回回一戶，該銀二兩，折至元鈔一十貫，該中統鈔一十錠」[29]，執行的正是上述標準。

　　江西地區回回的分布情況不太清楚。元人許有壬說：「我元始征西北諸國，而西域最先內附，故其國人柄用尤多。大賈擅水陸利，天下名域區邑，必居其津要，專其膏腴。」[30]估計江西境內以龍興、臨江、吉安等商業興盛之地的回回較多，且多以分散的形式居住。有學者根據《伊本・白圖泰遊記》，認為建昌路有回回的聚居區。白圖泰提到，他從杭州出發，經過十天航程，到達一個名為 Kanianfu 或 Qanjanfu 的地方。他說：「這是一座寬闊美麗的城市，位於一大平原中間，四面繞以花園，恰似大馬士革的郊區。」入城後，「法官、謝赫・伊斯蘭和商人們都出城迎接。他們攜帶彩旗、鼓號，率領歌手，還牽來馬匹讓我們騎坐，而他們卻在我們面前步行，陪同我們騎馬的只有法官和謝赫・伊斯蘭二人⋯⋯該城有城牆四道⋯⋯第三道城牆內由穆斯林們居

28　《元典章》新集《戶部・賦役・回回當差納包銀》。
29　嘉靖《上高縣誌》卷上《賦產・課程》。
30　許有壬：《至正集》卷五三《西域使者哈只哈泌碑》。

住。我們即下榻於此。寄宿於他們的謝赫佐習倫丁・古爾倆尼家中」[31]。關於 Kanianfu 或 Qanjanfu，該書譯者馬金鵬譯為灕江府，張星烺在《中西交通史料彙編》中譯為康陽府[32]。許多學者對該地進行考證，有認為其是今福建的福州，有堅持是今浙江的江山，或是江蘇的鎮江，還有學者推測其是陝西的西安，英國學者亨利・玉爾則堅信其為江西的建昌，眾說紛紜，莫衷一是。亨利・玉爾的觀點得到日本學者田阪興道、中國元史專家楊志玖及修曉波、馬建春等人的支持[33]。在學界給 Kanianfu 或 Qanjanfu 以令人信服的答案之前，本書姑採建昌說，認為建昌境內有回回聚居區。

求學。元代江西教育發達，文化昌盛，一些傾慕漢學的蒙古人、色目人因而進入江西，或就讀於官學，或問道於私家，江西學人中不乏他們的身影。如至正三年（1343年）的吉安路學中，「若徐、滕、淮揚、江浙、廣海暨色目公卿之子弟為員積百二十有奇」[34]。吉安路學的一二〇多名生員來自全國各地，不乏「色目公卿之子弟」，顯然是被吉安的興盛文化吸引而來。次年為鄉

31　馬金鵬譯《伊本・白圖泰遊記》，第554-555頁。

32　張星烺：《中西交通史料彙編》第2冊，中華書局1977年版，第83頁。

33　參閱楊志玖《元代回族史稿》，南開大學出版社2003年版，第113-114頁；修曉波《元代色目商人的分佈》，見《元史論叢》第六輯，中國社會科學出版社1997年版，第174-188頁；馬建春《元代東遷西域人及其文化研究》，民族出版社2003年版，第105-106頁。

34　劉詵：《吉安興學記》，見雍正《江西通志》卷一二八《藝文・記七》。

試年，這一二〇名生員中，應鄉試者超過五十人，不可謂不盛。

以上四種是致使蒙古人、色目人在江西停留時間較長，甚至以江西為家的主要原因。此外，經江西南來北往的使臣、旅人中也不乏蒙古人與色目人。大體上，龍興、吉安、信州、臨江等地或為政治中心，或為交通樞紐，蒙古人、色目人可能多些，撫州、建昌、南豐等偏僻路州縣則較少。他們共同構成元代江西民族多元的圖景。

二　蒙古、色目官員在江西的治績

總體說來，元代進入江西的蒙古人、色目人中，為官者多有貪贓污濫之徒，戍守者不乏恃武跋扈之輩，如饒州路達魯花赤烏倫赤「貪汙病民」[35]，南安路戍將朵兒橫行地方，甚至公然箠打大庾縣令[36]。但是，宅心仁厚、勵精圖治者也不少。如樂安縣達魯花赤、蒙古人變理普化任職期間，「政尚清簡，民用孚化，言色不動，患除利興……取其邑之廢弊而修補之，若官府學校、病涉之濟、醫師之宮，凡所當為而力可為者以次為之，皆謹飭規制，善工美材，為經久之計，以待後之人」[37]，卸任之際，還核實臨川田賦，造福於民。隸籍宜春的高昌人袁州海牙任進賢縣達魯花赤期間，「公勤廉能，興利除害，增公廨，新學校，為士民

35　蘇天爵：《滋溪文稿》卷十《故河東山西道肅政廉訪使贈禮部尚書王正肅侯基誌銘》。
36　宋濂：《宋學士全集・鑾坡前集》卷三《汪文節公神道碑》。
37　虞集：《道園類稿》卷二三《撫州路樂安縣重修宣聖廟學記》。

仰戴」[38]。崇仁縣達魯花赤麻合謀，色目人，「蒞政詳明，鼎新縣治、儒學，修蓋黃洲橋，浚永豐陂，勸課農桑，稽核版籍，又收捕賊盜，整理祠廟。任十五年，民德之，為立生祠」[39]。狀元忽都達爾於延祐五年（1318 年）任饒州路同知，「在官三年以治最聞」，「任滿將代，民攀戀不已，復為留二年」[40]。木撒飛任職崇仁，「蒞政以來，凡所施設，無一不使民悅服，咸曰：『仁哉元侯，二三十年所未有也』。」[41]這些蒙古人、色目人為元代江西社會的穩定與發展作出了貢獻。

致力興學，化民成俗：雖然直到元末，有些為官的蒙古人、色目人仍不通文書，尤其是那些「不用識文字，二十為高官」[42]的貴胄子弟通過蔭敘或怯薛入仕者。他們中有些人在簽署文書的日期時，甚至將「七」的右鉤寫作左鉤[43]，貽笑於人。但是，經過幾十年的漢文化薰陶，到元中後期，許多蒙古人、色目人的漢文化水平較高，甚至出現詩文大家、書畫巨擘。江西的蒙古、色目官員中即有這等文士。江西行省平章政事道童，「姿儀雄偉，尤工大字，能作雙鉤書」[44]，樂安縣達魯花赤、蒙古人燮理溥化為泰定四年（1327 年）進士，江西湖東道肅政廉訪司僉事、塔

38　正德《袁州府志》卷八《人物》。
39　雍正《崇仁縣誌》卷四《名宦傳》。
40　黃溍：《黃金華先生文集》卷二七《忽都達爾神道碑》。
41　吳澄：《吳文正公全集》卷六《崇仁縣元侯木撒飛仁甫字說》。
42　陳高：《不繫舟漁集》卷三《感興之十七》，敬鄉樓叢書本。
43　葉子奇：《草木子》卷之四下《雜俎篇》。
44　陶宗儀：《書史會要》卷七《大元》。

塔兒人察伋為元統元年（1333 年）進士，江西行省參知政事脫歡、饒州路同知忽都達爾、進賢縣達魯花赤袁州海牙等亦是科甲出身。為官一方後，這些熟悉漢文化的官員多熱衷於興學興教。蒙古人張信在元初任弋陽縣主簿，捐俸建縣學[45]。至治元年（1321 年），江西肅政廉訪司僉事薩德彌失倡修袁州路萬載縣儒學宣聖廟[46]。後至元元年（1335 年），燮理溥化興修樂安縣學，又倡修《樂安縣誌》[47]。至正初，臨江路達魯花赤木八剌「崇儒興學，愛民如子。卒於官，民哀之，聲動城邑，郡人相與祠之學宮」[48]。至正八年（1348 年），寧都州達魯花赤、高昌人伯不華以興學為己任，捐資修學宮[49]。有些蒙古、色目官員則深知化民成俗的重要性。信州路總管、高昌人買住知曉程朱理學，瞭解致治之道，認為「彝倫之斁不可不敘，舊俗之汙不可不斬」[50]，於是取朱熹守漳州時所刊陳古靈諭俗文廣教郡人，期待風俗趨美。撫州路達魯花赤塔不台在至順三年（1332 年）修王文公（安石）祠[51]，希冀文公的文章、政事、胸懷成為鄉邦士子的楷模。

明審刑獄，澄清吏治：雖然吏治不清伴隨著元朝的始終，是

45　鄭元祐：《僑吳集》卷十二《元從仕郎廣濟庫提領張君墓誌銘》，元代珍本文集彙刊本。
46　虞集：《道園學古錄》卷三六《袁州路萬載縣重修宣聖廟學記》。
47　虞集：《道園類稿》卷二三《撫州路樂安縣重修宣聖廟學記》；燮理溥化：《樂安縣誌序》，見康熙《樂安縣誌》卷首。
48　隆慶《臨江府志》卷十一《名宦》。
49　危素：《危太朴文集》卷四《寧都州儒學新作禮殿記》。
50　徐明善：《芳谷集》卷二《信州路買住總管刊陳古靈諭俗文序》。
51　虞集：《道園學古錄》卷三五《王文公祠記》。

元代國祚不長的重要原因，但是，進入江西的蒙古、色目官員中不乏注重穩定民心、審理冤獄、澄清吏治者。江西行省參知政事、唐兀人（屬色目人）李恆在元初人心不穩、疑忌重重、株連事件不斷發生的背景下，焚燬文天祥發往江西各地的檄文和聯絡名籍，避免許多民眾因抗元失敗而受牽連[52]，有助於元初江西社會的穩定。行省平章政事、蒙古人脫歡任內「懾伏豪勢，惠和不寡，不數月而江右震動，小民歡呼」[53]。行省平章政事換住「裁富民蒙山提舉之爵，徵贓五十餘萬緡，而民悅」[54]。行省理問所相副官、蒙古捏古台氏十里牙禿思任職期間，「務從詳恕，尤以名教為重」[55]。他以宗族惇睦為念，赦龍興人安道族內諸人賭博忿爭之獄；以家庭親和之故，免上高某子成盜而父為自首之案；明辨案情是非，平瑞州黃某六年冤獄；堅拒重賄，將瑞州蒙山銀場陳某依法拘捕，等等。

賑濟災民，體恤黎庶：由於地方財政困難和吏治腐敗，元代的賑恤制度往往流於形式，但是，江西地區不乏傾力救賑民眾的蒙古、色目官員。江西行省平章政事換住「泰定甲子（泰定元年，1324 年）救流民水旱之災，不知其幾萬人。明年，救飢民疾癘之厄又不知其幾萬人。始見議戍廣者一歲終更，而士馬得

52　劉岳申：《申齋劉先生文集》卷七《滕國武愍孝李公廟碑》（鮑廷博疑「孝」字為衍文）。
53　劉岳申：《申齋劉先生文集》卷七《江西換住平章遺愛碑》。
54　劉岳申：《申齋劉先生文集》卷七《江西換住平章遺愛碑》。
55　虞集：《道園類稿》卷四六《靖州路總管捏古台公墓誌銘》。

完。始減蒙山銀課三百定，改屬興國，而一路地產民力得寬」[56]。平章政事、康里人（屬色目人）伯撒裡出私財，煮粥以賑龍興失火之家，不足，又以府庫贏糧賑之[57]。還有些蒙古、色目官員則用心體恤黎庶，從賦稅方面減輕民眾負擔。樂安縣達魯花赤燮理溥化見當地百姓翻山涉水，繳納賦稅，太過艱辛，奏陳改納輕齎，造福民眾[58]。南豐州達魯花赤抄兒赤建豐儲倉，使山多田少的南豐百姓在災年多了一種賑濟方式[59]。

倡率僚屬，葺舊鼎新：元代路府州縣的財政職能很不完整，地方官府在財賦占有和使用方面的權力，與它們承擔的徵收賦稅的繁重義務相比，實在少得可憐，地方財政一直處於窘迫的境地[60]。興修官署、橋津、水利等公共設施本是有司之職，但通常的情況是「官欲辦而幣無可支」[61]，官府在地方建設中表現得屢弱無力。但是，江西部分蒙古、色目官員能出私財以倡率僚屬與地方人士，葺舊鼎新，修造公益設施。撫州路達魯花赤塔不台出俸金，倡修路治之青雲亭、譙樓[62]；閭閭督造撫州帝師殿[63]；吉

56　劉岳申：《申齋劉先生文集》卷七《江西換住平章遺愛碑》。

57　虞集：《道園學古錄》卷四一《江西行省平章政事伯撒裡公惠政碑》。

58　康熙《樂安縣誌》卷三《田賦志·輕齎》。

59　劉鏜：《豐儲倉記》，見《永樂大典》卷七五一四引《建昌府南豐縣誌》。

60　李治安主編《唐宋元明清中央與地方關係研究》，南開大學出版社1996年版，第189-209頁。

61　吳澄：《吳文正公全集》卷二一《迎恩橋記》。

62　虞集：《道園類稿》卷二六《撫州路青雲亭記》《撫州路重建譙樓記》。

63　吳澄：《吳文正公全集》卷二六《撫州路帝師殿碑》。

安路達魯花赤按答剌（即愔都剌）修葺破敗的螺川馬驛[64]，等等。

　　臨危涉險，護衛一方：元中期江西社會基本穩定，與各地駐軍、巡檢司等軍警機構的設置有極大關係。這些機構中有相當多的蒙古、色目官員。在撫州，兩個萬戶府的士卒與百姓參錯而居，行鎮守之職，無擾民之憂，虞集讚歎：「（撫州）民庶士伍雜耕共食，煙塵不驚，風日清美，旌　悠揚於俎豆，鼓鐘無間於裳衣，文恬武嬉，更唱迭和，以樂太平之盛。」[65]在吉安，崇山峻嶺間的井岡山設巡檢司，西域人馬合麻任巡檢，「職在察奸求盜……臨危涉險，慷慨出萬死，如履坦途」[66]。在龍興，蒙古人、右榜狀元普顏不花面對天完紅巾軍的猛烈攻勢，悉心籌劃，身先士卒，竭力守城[67]。元末，龍興薛昂夫之子吳伯都剌亦在南昌、吉安、贛州行使鎮守之職。有趣的是，在陳友諒的勢力範圍內也出現了以安定一方為己任的元代進士，如至正二年（1342年）右榜進士定住奉陳友諒之命鎮守臨江，「兵不滿千，招聚驍勇，屢挫強敵，轉危為安。友諒褒其治績，以勵境內」[68]。定住棄元從漢，固然被視為有違名節，但他的確在兵戈紛擾中給了臨江一片安寧。

64　劉詵：《桂隱文集》卷一《螺川重修馬驛記》。

65　虞集：《道園類稿》卷二六《處州萬戶府籌勝堂記》。

66　周霆震：《石初集》卷七《義兵萬戶瑪哈穆特安塘生祠記》，景印文淵閣四庫全書本。

67　周霆震：《石初集》卷二《普顏副使政績歌》。

68　德馨：同治《臨江府志》卷十五《雜誌類》引《遊宦余談》。

以上是元代任職於江西的蒙古、色目官員的主要治績。他們憑藉努力贏得了江西民眾的支持和擁護。可以說，江西能夠成為當時全國經濟繁榮、教育發達、文化興盛、社會較為穩定的地區之一，源源不斷進入江西的蒙古、色目官員的努力功不可沒。

三　蒙古、色目人與江西文化的交互影響

　　元代進入江西的蒙古、色目人身處漢族中間，勢必受到強勢的漢文化影響；同時，他們也將自身的文化帶入江西，使江西文化吸收了其他民族的某些因素。這是多元民族遷移混居的必然結果。

　　進入江西的蒙古人和色目人，其原有的文化基礎不一。蒙古與漢文化有很大差距，比較粗淺。色目人背景複雜，有些原來就受到很深的漢文化影響，如唐兀（西夏）、汪古；有些雖未受漢文化影響，自身的文化水平卻很高，如畏兀兒、回回、也裡可溫；有些則與蒙古相似，甚至處於無文字階段，如中亞的欽察、康里、阿速等[69]。進入江西後，學習漢文化是許多蒙古人、色目人的追求。這一過程，即「漢化」，亦稱「華化」，即外族與漢人接觸後，接受漢文化的各種因素，包括理學、文學、風俗，等等。

　　蒙古、色目人學習漢文化，最根本的原因是漢文化的優越性

69　蕭啟慶：《元朝多族士人圈的形成初探》，見蕭著《元朝史新論》，台灣允晨文化實業股份有限公司 1999 年版，第 207-208 頁。

與吸引力，而漢族在人口、文化方面占據優勢的環境、政府對漢文化的倡導以及開拓入仕之途的個人政治利益追求亦是他們「捨弓馬而事詩書」的重要原因[70]。除研習儒學、文學、書畫等漢文化中的精緻部分外，他們也吸納漢文化的禮俗，甚至與漢族通婚。

首先看看隸籍江西的蒙古、色目人在科舉上的成就。清人說，元代「自科舉之興，諸部子弟類多感勵奮發，以讀書稽古為事」[71]。科舉對促使蒙古、色目子弟學習漢文化起了很大作用。元代科舉考試分兩榜，右榜進士為蒙古人、色目人，左榜為漢人和南人。蒙古、色目人第一場考經問五條，在《大學》《論語》《孟子》《中庸》內出題，以朱熹的《四書章句集注》為準；第二場考策問一道，以時務出題，要求五百字以上，兩場所考內容較漢人、南人為易。即便如此，蒙古、色目人的科舉依然是以漢文化的核心——儒學及其重要的表現形式——文學為衡量標準。儒學方面，答疑要求「義理精明」；文學方面，「文辭典雅者為中選」[72]。

元代科舉考試有鄉試、會試、御試三級考。鄉試在全國十一個行省（含設於今朝鮮半島的征東行省，時為元朝間接統治區）

---

70 蕭啟慶：《元代蒙古人的漢學》，見蕭著《蒙元史新研》，台灣允晨文化實業股份有限公司 1994 年版，第 95-216 頁。該觀點在蕭著《元代多族士人網絡中的師生關係》亦有説明，載《歷史研究》2005 年第 1 期，第 119-141 頁。

71 顧嗣立編《元詩選・初集・庚集・顧北集序》。

72 《元史》卷八一《選舉志一》。

和腹里六地舉行，共錄取 300 名，其中蒙古人、色目人各 75 名。這些名額被分配至各考點，江西行省有 3 個蒙古名額、6 個色目名額。同在江南的江浙行省是蒙古 5 名、色目 10 名，湖廣行省為蒙古 3 名、色目 7 名。元代科舉規程定於元中期，鄉試錄取名額的多少從某種程度上說明，江西蒙古、色目的人數可能少於江浙行省，漢文化水平亦略低，而與湖廣行省大體相當。

綜合多位學者的研究，目前已知的比較可靠的元代江西進士共有 137 位[73]（詳見本書第五章第一節「科舉」），其中蒙古進士 5 人，色目進士 15 人，族屬不明者 4 人，共計 24 位，占元代江西進士總數的 17‧5%。因蒙古、色目人的史料相對南人而言，更易缺失，故其實際比例可能更高。以資料最為完整的元統元年（1333 年）癸酉科為例，該科全國共取進士 100 名，江西地區 14 名，其中有蒙古進士亦速歹、博顏達，色目進士別羅沙、脫穎、鐸護倫，右榜進士占該科江西進士總數的 35‧7%[74]。論及地域，24 位右榜進士中，龍興路 14 位，信州路 2 位，籍貫不詳者 5 位，其餘分屬吉安、袁州、江州、南康和臨江。龍興路右榜

---

73 元朝進士題名錄的重構經陳高華、蕭啟慶、沈仁國、桂棲鵬等學者的努力，已有很大進展。以上數字是綜合各位學者的研究成果所得，包括了江西行省的南嶺以北諸路州以及饒州、信州、婺源州等元代隸屬江浙行省的路州所出進士。另，高昌偰氏原隸籍龍興，後偰哲篤徙居溧陽，其子偰百遼孫當是江浙行省進士，故未計算在內。

74 蕭啟慶：《元統元年進士錄校注》，載《食貨月刊》（復刊）第十三卷（1983 年）第一、二期合刊，第 72-90 頁，第三、四期合刊，第 47-62 頁。

進士最多，與該路為省治所在，蒙古、色目官員比較集中、教育條件也相對較好有關。

由於蒙古原有文化比較粗淺，而色目人中不乏文化水平很高者，體現在科舉上，色目人的優勢非常明顯，不僅人數遠遠多於蒙古人，而且榮登金榜的時間亦早於後者。延祐二年（1315年）首次開科，即有龍興色目人偰哲篤蟾宮折桂，此後一直科甲不斷，蒙古人直到至順元年（1330年）庚午科才出現首位進士篤列圖，比前者遲了五科十五年。

江西的色目進士中，以自身文化水平原本很高的畏兀人最突出，高昌偰氏尤其引人注目，可謂獨擅元代科場[75]。偰氏在進入中原之前早已活躍在漠北及西域政壇達五百年，歸降蒙古後，躋身統治階層，累世為宦。元平南宋後，該家族中的都爾彌勢、合剌普華二人供職江南。合剌普華自少研習漢學，攻讀《論語》《孟子》《史記》《資治通鑑》諸書。大德年間（1297-1307年），其子偰文質任江西行省理問，遂定居南昌東湖，隸籍龍興。在東湖畔的私第，偰文質「領諸子就外傳，書聲琅琅東湖之上，晝夜不絕」。時在龍興執教的吉安人劉岳申「嘗從眾賓後，親見元帥（引者註：指偰文質）奉親教子，豈知後有科興」[76]。當時，元朝尚未實行科舉，偰氏傾心漢文化，當不是出於功利目的，而是

---

75 本書關於偰氏的論説，多參考蕭啟慶《蒙元時代高昌偰氏之仕宦與漢化》，見蕭著《元朝史新論》，第243-297頁。

76 劉岳申：《申齋劉先生文集》卷五《三節六桂堂記》。

漢文化強大的吸引力以及豫章濃郁的文化氛圍薰染所致。十年後實行科舉，偰文質及兄弟越倫質諸子諸孫遂視登榜如拾芥。

元代，偰文質、越倫質的子孫兩代，從延祐二年（1315 年）開科取士到至正八年（1348 年）元朝臨近大動亂之前，共產生九位進士，皆以儒術致身通顯。茲列舉如下：

偰哲篤，字世南，文質三子。延祐二年（1315 年）進士，官至吏部尚書、淮南行省左丞。

偰玉立，字世玉，號止堂，又號止庵，文質長子。延祐五年（1318 年）進士，官至泉州路達魯花赤、海南肅政廉訪使。

偰朝吾，字世則，文質子。至治元年（1321 年）進士。曾任枝江縣達魯花赤、循州同知。

偰直堅，字世學，文質次子。泰定元年（1324 年）進士。歷任清河縣達魯花赤、宿松縣達魯花赤、新昌州同知。

善著，字世文，越倫質子。泰定四年（1327 年）進士。曾任翰林編修、湘潭州同知。

偰列篪，字世德，文質子。至順元年（1330 年）進士。歷任湖廣行省管勾、潮陽縣達魯花赤、河南府經歷，告歸南昌。陳友諒攻南昌，城陷，投井而死。

正宗，越倫質孫，善著子。至正五年（1345 年）進士。曾任江浙行省照磨。

阿兒思蘭，越倫質孫，善著子，正宗弟。至正八年（1348 年）進士。曾任湖廣行省理問所知事。

另，偰百僚孫，文質孫，哲篤子。至正五年（1345 年）進士，曾任翰林應奉、單州知州。因偰哲篤後遷居溧陽，偰百遼孫

應為江浙行省進士。

上列名單中，延祐開科後的前六科，每科均有偰氏子侄登第，「科名之盛，天下無與比」[77]。這在中國科舉史上可能也是絕無僅有的現象。其家族在短短的三十四年間，九人登榜，是元代學習漢文化最為突出的非漢家族。

除科舉外，偰氏受漢文化影響之深還體現在諸多方面：

採用姓字別號：偰氏之姓源於先世所居偰輦傑河之首字。這是當時進入漢地的蒙古、色目人取漢姓的方法之一，未蘊深意，不足為奇。偰文質諸子之名多取畏兀兒文與蒙古文之音譯，雖無表示行輩之字，但漢文意義頗佳，如玉立、哲篤、直堅之類。真正體現偰氏在姓字名號方面漢化的是偰文質諸子侄的表字，即世玉、世南、世則、世學、世德、世文等。

注重名節，篤行禮教：偰文質的龍興私第有三節六桂堂。所謂「三節」，即忠、貞、孝三德。「忠」指文質之父合剌普華督糧遇盜，不屈而死；「貞」指合剌普華之妻希台特勒盛年寡居，育子成材；「孝」指文質以十歲之年，割肉療母。偰氏一門，父忠，妻貞，子孝，時人盛讚，繪《三節圖》以供傳觀。「六桂」指延祐開科以來的六科，偰氏五子一侄接武聯登。三節六桂，時人以為乃積善之報，興論榮之，遂命其堂為「三節六桂堂」。偰氏子孫繼承了這種家風。元末，偰列篪從潮陽縣達魯花赤任上告歸龍興。至正十八年（1358 年），陳友諒攻南昌，偰列篪奉檄守

77　吳澄：《吳文正公全集》卷十九《都運尚書高昌侯祠堂記》。

東門。城破，與妻妾子女十一人同日自殺，以實際行動踐履了儒家的忠貞大義。

長於詩書：偰文質即能作文，曾於後至元三年（1337 年）撰《一禪師塔銘》，係玉立所書，見於石刻。玉立當是偰氏家族中最擅詩書者。他任泉州路達魯花赤期間，熱心文獻，考求圖志，搜訪遺逸，促成《清源續志》。汪大淵所著《島夷志略》即是玉立請其參修《清源續志》而成。玉立還撰《世玉集》，清人顧嗣立編《元詩選》三集輯有其詩十一首，另有詩詞、書翰等散見於各類文獻中。清人馮登府論其詩堪比元代第一流色目詩人乃賢，書法則落墨古樸，骨力自現。偰哲篤亦有詩文、書翰傳世。

因偰氏在科舉、倫理、詩書等方面的突出表現，有學者認為其是蒙元時期蒙古、色目中漢化程度最高的家族之一。在偰氏漢化的過程中，文質定居龍興起到至關重要的作用，是偰氏成為備受矚目的色目漢化之家的轉折點。

偰氏外，龍興路色目人默理契沙、別羅沙兄弟，信州路蒙古人篤列圖、揭毅夫父子先後金榜題名，亦頗為引人注目。默理契沙兄弟是西域別失八里人。曾祖木八剌，管領納失失戶計。祖別魯沙，管領織匠戶計。父苫思丁，以兵部尚書致仕。母為回回。默理契沙是泰定元年（1324 年）進士，別羅沙是至順三年（1332年）江西鄉試第六名，元統元年（1333 年）會試第二十二名。篤列圖，字敬夫，一字彥成，蒙古捏古台氏，初為燕山人。元初，祖父任信州路永豐縣達魯花赤，因而定居。至順元年（1330年），篤列圖以甫冠之年登右榜狀元，是元代江西地區唯一的狀元，也是第一位蒙古進士，歷任集賢修撰、南台御史、內台御

史，年三十七卒。娶元代著名色目文人馬祖常之妹。子揭毅夫為至正進士。

除偰氏、默理契沙兄弟、篤列圖父子之外，元代江西有不少篤習儒學、詩文、書畫、醫學，並以儒家綱常躬行踐履的蒙古、色目人。

篤習儒學：合祿魯（即哈剌魯，色目人）人抄兒赤、禿魯罕、禿林係祖孫三世，皆鎮戍建昌路，至第四代也速答兒赤開始從郡人李宗哲習舉業。揭傒斯稱也速答兒赤「貌粹而氣和，才清而志銳，他日必為明進士」[78]。臨江路上千戶所達魯花赤、蒙古人也先不花之子買奴「閒習騎射，讀書知義理，又通蒙古語言」，吳澄讚他「褒然武將家之文儒」[79]。西域人伯顏子中因祖父宦於江西，隸籍龍興，家於進賢。子中自少研習儒學，手不釋卷，明於《春秋》，四中江西鄉試，曾任南昌東湖書院山長、建昌路儒學教授。元末明初著名色目詩人丁鶴年，其祖苫斯丁曾任臨江路達魯花赤，父職馬祿丁任臨川縣主簿，後升任武昌縣達魯花赤。丁鶴年兄弟俱業儒，兄長中有三人為進士。雖然三人不一定是在江西參加科舉考試，但父、祖在江西任官與鶴年兄弟學習漢文化有很大關係，鶴年之師則為豫章大儒周懷孝[80]。

---

78 揭傒斯：《揭文安公全集》卷九《送也速答兒赤序》。

79 吳澄：《吳文正公全集》卷四三《故武義將軍臨江萬戶府上千戶達魯花赤也先不花墓表》。

80 戴良：《九靈山房集》卷十一《高士傳》，卷十三《鶴年吟稿序》，叢書集成本。

傾心詩文：西域哈剌魯人薛昂夫、薛立夫兄弟，自祖父輩居於龍興。昂夫幼讀經史，早年執弟子禮於吉安文士劉辰翁，後與其子劉將孫為友，深受漢文化熏染。昂夫的詩詞激越慷慨，又流麗閑婉[81]，時人擬之為「雪窗翠竹」「松陰鳴鶴」[82]，累世為儒者或有所不及，為元代著名散曲作家[83]。其散曲集《扣舷餘韻》雖已佚失，但作品數量在元代散曲家中仍列居第八。昂夫亦善書法，弟立夫則長於篆書。至治元年（1321 年）進士、畏兀兒人廉惠山海牙亦善詩，時與各族士人詩文相和。隸籍宜春的高昌人袁州海牙以《詩經》中至正五年（1345 年）進士，「善屬文」[84]，其弟中都海牙則為鄉貢進士，會試下第後授為儒學教官。

精研書畫：盛熙明，祖先為西域曲鮮（今新疆庫車）人，後居豫章，「清修謹飭，篤學多材，工翰墨，能通六國書」[85]，是元代研究書畫最有成就的色目人之一。元文宗至順年間（1330-1333 年），他編成《法書考》，專門研究漢字書法，並對梵文、

81　趙孟頫：《松雪齋文集》卷六《薛昂夫詩集序》。

82　朱權：《太和正音譜》，見《錄鬼簿（外四種）》，上海古籍出版社 1978 年版，第 127 頁。薛昂夫，原名超吾，字昂夫，號九皋，漢姓馬，亦稱馬九皋。朱權在《太和正音譜》中將薛昂夫與馬九皋視作兩人，論「馬九皋之詞如松陰鳴鶴」，「薛昂夫之詞如雪窗翠竹」。

83　略舉薛昂夫散曲一則，以示其疏放豪宕的風格。〔塞鴻秋·凌歊台懷古〕：「凌歊台畔黃山鋪，是三千歌舞亡家處。望夫山下烏江渡，是八千子弟思鄉去。江東日暮云，渭北春天樹，青山太白墳如故。」轉引自鄧紹基主編《元代文學史》，人民文學出版社 1991 年版，第 332 頁。

84　正德《袁州府志》卷八《人物》。

85　陶宗儀：《書史會要》卷七《大元》，景印文淵閣四庫全書本。

八思巴字作了介紹。至正四年（1344 年），熙明獻書於順帝。順帝閱後，命收藏禁中。陳垣說：「以西域人而工中國之書，已屬難能，況又以其研究所及，著為成書，以詔當世，豈非空前盛業乎！」[86]熙明編《圖畫考》七卷，將前代有關繪畫的論述分門別類，編輯成書。同時學佛善詩，其詩今存《元詩選》癸集。

究心中醫：建昌路達魯花赤薩德彌實（《四庫全書》改譯作「沙圖穆蘇」），字謙實，長期致力於蒐集中醫驗方。泰定年間（1324-1328 年）任職建昌路時，「蒞官餘暇，猶注意於醫藥方書之事。每思究病之所由起，審藥之所宜用。或王公貴人之家，或隱逸高人之手，所授異方率和劑焉，因易簡等書之所未載，遇有得，必謹藏之，遇有疾，必謹試之。屢試屢驗，積久彌富。守旴之日，進一二醫流相與訂正，題曰《瑞竹堂經驗方》」[87]。全書十五卷，元、明兩代多次刊行，後亡佚，今《四庫全書》中有《永樂大典》輯本，僅存五卷二十四門。薩德彌實雖來自醫藥學發達的西域，但該書所收均為中醫藥方，而非西域處方，實是薩德彌實長期收集中醫驗方的成果。藥方有北方各民族用藥的特點，但建昌「一二醫流」的訂正功不可沒。

秉持忠義：龍興之西域人伯顏子中在元亡之後，變改姓名，著道士服，遁跡江湖。後在進賢北山創竹屋三間，左圖右史，閉戶自守，慷慨之情、忠憤之氣時見於詩詞，寫下了「忠清千古

86　陳垣：《元西域人華化考》卷五《美術篇》，第 91-92 頁。
87　吳澄：《吳文正公全集》卷十三《瑞竹堂經驗方序》。

書義矜式

欽定四庫全書

書義矜式卷一

虞書

堯典

元　王充耘　撰

曰若稽古帝堯曰放勳欽明文思安安允恭克讓光被

四表格于上下

聖人之功無不至者聖人之德無不至也夫聖人之功

欽定四庫全書　書義矜式

德莫盛於堯故史臣敘於書首意曰粵若稽古昔有

放勳如堯者勳以功言放謂功無不至也欽明文思

安安允恭克讓皆以德言光被四表格于上下雖謂

德無不至然也格也則放之所極也吁德之所至

即功之所至史臣總言堯之德業云耳豈功自功德

自德哉　云　或謂書以道政事故堯典篇首先言功而

後言德及觀吾夫子曰巍巍乎唯天為大惟堯則之

本言堯之德巍巍乎其有成功則言堯之功其先德

·薩得彌實《瑞竹堂經驗方》

圖片說明：影印文淵閣四庫全書本，上海古籍出版社 1988 年版，第 746 冊，第 11 頁。

事，骨肉一家魂」等詩句。洪武十二年（1379 年），朝廷搜求博學老成之士，江西布政使以禮征之。子中作《七哀詩》，哭別父母師友，飲藥而卒。其「哭師」中有「十年苟活貽師羞」，「捨生取義未遲暮」等句，表現的純然是一位儒者對舊朝的忠貞之情[88]。

由於色目人的文化水平總體高於蒙古人，進入江西的色目人學習漢文化的成就亦高於後者。以秉持漢文化之儒學、詩文、書

88　朱善：《朱一齋文集》卷六《伯顏子中傳》，四庫全書存目叢書；顧嗣立編《元詩選·二集·庚集·子中集》。

畫、醫學、節義等見稱於時者中，色目人居多。

另，漢文化之姓字名號、祭俗、居所、葬制等亦為進入江西的蒙古、色目人所採用。

姓字名號：元代江西有取蒙古名或受賜蒙古名的本土人士，前者如雩都孫某，取名伯顏；後者如建昌人燕公楠，受知於元世祖，獲賜蒙古名賽因囊加歹（意為「好蠻子」）。同時，進入江西的蒙古人、色目人亦取漢名及字號。崇仁縣木撒飛，其名「純然為一回教人名」[89]。即任以來，「凡所施設，無一不使民悅服」。此君「慕效華風，欲立字以副其名」，請於大儒吳澄。吳澄說：「字者，匪但副其名而已，蓋將表其德也」[90]。因木撒飛施政一本於仁，吳澄遂將漢文化中至重至美的「仁」作為其字，再加一尊稱「甫」，於是木撒飛字「仁甫」。信州永豐蒙古人篤列圖，以理學的貌、言、視、聽、思五事持敬要求自己，「字敬以持其身，書敬以表其齋，是有志於敬也」[91]，故其字為敬夫，其居稱「敬齋」。篤列圖之子名揭毅夫，純然為一漢名[92]。龍興薛超吾，字昂夫，「其氏族為回鶻人，其名為蒙古人，其字為漢

89　陳垣：《元西域人華化考》卷六《禮俗篇》，第104頁。
90　吳澄：《吳文正公全集》卷六《崇仁縣元侯木撒飛仁甫字說》。
91　虞集：《道園類稿》卷三十《敬齋說為篤敬夫作》。
92　據雍正《江西通志》卷九六《寓賢二·廣信府》載，圖烈圖（即篤烈圖）之父名揭納新，字嘉琿。但是，虞集《道園類稿》卷四六《靖州路總管捏古台公墓誌銘》只記載篤烈圖之父的蒙古名是十里牙禿思，未及漢名。從篤烈圖之子以揭為姓分析，《江西通志》所載應無誤。據此，篤烈圖可能亦有以揭為姓的漢名。

人」[93]，姓名字號更充分體現了文化的交流。

祭俗：一般說來，伊斯蘭教徒對偶像崇拜甚為厭棄，但元代進入江西的伊斯蘭教徒受到漢族立廟建祠以崇德報功風氣的影響，不僅熱心修葺祠宇，對施之於身的偶像崇拜亦坦然受之。以崇仁縣達魯花赤麻合謀和井岡巡檢馬合麻為典型[94]。麻合謀，名字顯示其為穆斯林，自至元二十一年（1284年）起任崇仁縣達魯花赤。在十五年的任期內，他撫民有方，民眾感其仁厚，為立生祠。卸任後的麻合謀居於縣邑之東，對生祠並無芥蒂，顯然受漢文化影響至深[95]。盧陵井岡巡檢馬合麻，從名字看，也是回教徒。此人任捕盜之職，「臨危涉險，慷慨出萬死如履坦途」，言行卻似一醇儒，「所至書策自隨，深有意濂洛之學。事上接下，溫厚和平。至綱常大義所關，則正色凜然，不可毫髮忤」。周霆震說這是「由詩書講貫之餘，有以察夫天理民彝，而此心之涵養有素也」。後，里人立生祠於江濱，以系感慕。馬合麻亦坦然受之[96]。

與伊斯蘭教徒的嚴格相比，蒙古人顯得隨意些。他們多信奉薩滿教，認為萬物皆有靈，日月、山川、水火等均須崇敬，故他們接受漢文化的多神崇拜相對容易。以撫州路達魯花赤塔不台為

93　王德淵：《薛昂夫詩集序》，見周南瑞編《天下同文集》卷十五，景印文淵閣四庫全書本。

94　「麻合謀」「馬合麻」均是伊斯蘭教先知穆罕默德的元代音譯。

95　雍正《崇仁縣誌》卷四《名宦傳·麻合謀》。

96　周霆震：《石初集》卷七《義兵萬戶瑪哈穆特安塘生祠記》。

例。至順三年（1332年）夏，撫州遭嚴重旱情，塔不台遵從當地的祈雨習俗，「日領官屬哀籲上下神祇，彌旬彌月，食素宿外，內訟自責，誓不得雨不止」，一個月間，「祈澤於道觀僧寺，心慮殫矣」[97]。後，他越二〇〇多里至崇仁南部的華蓋山祈雨。得雨後，又恐不足以解旱，再命郡士檢尋祈社稷壇禮儀，親率僚佐致祭。儒生司禮，一遵禮典。在整個的祈雨過程中，無論是祭拜對象還是致祭儀式，塔不台都遵循漢式禮儀，足見其在信仰方面對漢文化的認同。後，虞集因其「求諸山川之望，觸炎履險，忘疲升高，精忱以禱，神明孚格……禱祈之切則自中順公（引者註：指塔不台）一念之敬始」，用理學中的「敬」題其齋為「敬齋」[98]。

居所方面，建昌路達魯花赤、西域人薩德彌實在居處周圍插竹為樊，竹枝後來生枝長葉，人以為祥瑞，於是薩德彌實命名居處之堂為瑞竹堂[99]。如果說薩德彌實的瑞竹堂尚有借物起意的淺白，那麼，撫州路達魯花赤、蒙古人芒哥帖木兒以正心為念，命名其燕息之堂為「正心堂」，則深蓄漢文化真蘊，「可謂知所急而得其要者也」[100]。事實上，二人對漢文化的吸納確有深淺之別。薩德彌實鍾意於漢文化的醫藥方書，芒哥帖木兒則篤習儒學，以儒學的「正心」之道「治其身而化其民，又推以教其

---

97 吳澄：《吳文正公全集》卷十九《撫州路達魯花赤禱雨記》。

98 虞集：《道園類稿》卷三十《敬齋說》。

99 吳澄：《吳文正公全集》卷十三《瑞竹堂經驗方序》。

100 虞集：《道園類稿》卷二七《正心堂記》。

子」，後，其子文縝考中鄉貢，明初還以蒙古人的身分司教國子學，可謂難得。宋濂稱芒哥帖木兒「獨能取聖賢為學之道治其身，其天性之過人遠矣！文縝又能推之以淑人，非善繼其志哉！」**101**

如果說居所的命名尚存附庸風雅之嫌，那麼建築的整體韻味則更可彰顯主人的情懷。伯顏子中的進賢竹屋便有這等韻致。安福進士劉聞有兩首詩予以描繪：

池淨天容湛，窗虛水氣通。遠山來戶外，飛雨灑亭中。薜荔含朝景，蒹葭集晚風。平生江海念，相對興無窮。

種樹年年長，開窗面面涼。雨苔生砌綠，秋葉墮池黃。得句聞拈筆，拋書懶近床。旅懷隨所至，誰復計行藏。**102**

伯顏子中的竹屋難覓點滴異域風情，儼然一幅恬淡寧靜而幽深清遠的中國山水畫。內中人物飄然物外，靜享林泉之樂。

葬制方面，哈剌魯人薛昂夫在龍興北門外為其父營建的墓園一遵漢制。墓址的選擇運用了風水術，高厚盤礴，得風水之宜，乃「昂夫營剛擇吉而得之」。此墓有碑，乃元代著名文人、書法家合作而成：元明善撰碑文，趙孟頫抄錄，郭貫篆碑額，堪稱三

---

101 宋濂：《宋學士全集・朝京稿》卷五《正心堂銘有序》。
102 劉聞：《顏子中池亭二首》，見顧嗣立編《元詩選・三集・庚集・容窗集》。

絕。碑高一丈七尺，「龜趺、螭首皆一品之制。又為亭覆其上，前為闕，中有表」。墓園的整體布置是「亭之西廡曰瞻云，又西有亭曰流憩，又西有頤貞之堂，南有傲梅之窗，北有遠庵之舍，又有九皋亭，則昂夫舊所自名也。九皋之前有美石，高丈許，雙峰崒然，則宋丞相京鎧家所得南唐宋齊丘故物也。最後有閣，可以盡龍沙之景焉。亭、闕前臨官道，辟其南為神道，中道為樓跨之」[103]。這所墓園儼然一處中式園林。

以上所述是元代進入江西的蒙古、色目人接受漢文化影響的大體情況。既然混居的局面已經形成，那麼，影響應是相互的。當然，由於漢族人數上的絕對優勢和文化上的巨大吸引力，蒙古和色目各部原有文化對漢族的影響遠不如後者對前者的影響。蒙古文化對漢族的影響限於語言、姓氏、服飾、髮式、婚俗等民間習俗方面，色目各部有些文化的影響則上升至天文、地理、數學、醫藥、音樂、建築、手工業等多方面。具體到江西地區，則體現在語言、地理、醫學、青花瓷的製造等方面。

在元朝這樣一個民族繁多、多種語言文字並用的朝代，翻譯人員具有較高的社會地位和不錯的仕宦前途，而蒙古語作為國語，地位自然重要。元末明初人徐一夔說：「元制，蒙古字學視儒學出身為優，器局疏通之士多由此而進。」[104]所以，無論從功利還是從實用的角度出發，學習蒙古語都是不錯的選擇。從「江

103 虞集：《道園類稿》卷二五《馬清獻公墓亭記》。
104 徐一夔：《始豐稿》卷十二《國子助教李君墓誌銘》。

西年少習商賈，能道國朝蒙古語」[105]的詩句可以看出，當時江西人習學蒙古語是比較常見的現象，且不乏因精通蒙古語而躋身仕宦者。雩都人孫伯顏，出身南宋的官宦世家，因精於蒙古語，先後擔任翰林院、大司農司譯史（筆譯人員），後逐級陞遷，仕至正三品的肇慶路總管[106]。在元代南人多陞遷無望、永沉下僚的背景下，正三品是令南人豔羨之極的高位。臨川人傅岩，「漢書、蒙古兼通焉。前至元間，以蒙古進身，充江州譯史」，後任宜黃縣蒙古字學諭，改任撫州路譯史，從一介平民之子轉變成有能力「度僧施財，周急危，恤飢寒」[107]的頗有影響的人物。饒州胡天祺也是通過擔任譯史踏入仕途。

　　江西所受地理、醫學、青花瓷製作等方面的影響主要來自西域。地理學方面，臨川朱思本所繪《輿地圖》得益於伊利汗國人札馬剌丁主持編修的《元大一統志》，朱氏使用的計裡畫方法則直接受到札馬剌丁所制地球儀上經緯線的影響。醫學方面，南豐危亦林的《世醫得效方》直接吸收了元代傳入中國的阿拉伯醫學。此待本書第五章詳述。景德鎮在元代創燒的青花瓷，無論是青花原料、圖案紋飾，還是器物造型，都與阿拉伯地區有著密切聯繫。有研究者統計世界各地出土和傳世的元青花瓷，發現國外

105 王冕：《王冕集・竹齋集卷下・船上歌》，第 200-201 頁。
106 黃溍：《金華黃先生文集》卷三七《嘉議大夫僉宣徽院事致仕孫公基誌銘》。
107 傅德潤：《撫州路譯史傅岩墓記》，見陳柏泉編著《江西出土墓誌選編》，江西教育出版社 1991 年版，第 269-270 頁。

出土的元青花瓷比國內要多（景德鎮窯址除外），傳世品中以土耳其和伊朗的收藏最富，其中又以大盤數量最多；日用青花瓷在國內較少發現，僅有一些廟宇供器及少數陳設瓷與高足杯之類的特殊品種（景德鎮窯址的出土品除外）；受中國文化影響較深的日本，元青花瓷的出土數量與青瓷、白瓷等相比，數量很少，韓國則沒有元青瓷花出土；器型方面，中東發現的元青花瓷與中國各地的出土品之間有很大不同，尤其是大型的盤、鉢、瓶、罐等器物在印度和伊斯蘭地區出土的數量特別多；紋飾方面，元青花瓷上裝飾的那種多層次、密而不亂、空間極為狹窄的構圖具有濃厚的伊斯蘭圖案風格。現存元青花瓷的這種分布格局和造型、裝飾風格，與蒙古統治者不太喜好以陶瓷器作為日用器皿，而漢地士大夫暫時還未接受這一新出現的瓷器品種，景德鎮燒製的青花瓷在很大程度上是為了滿足國內穆斯林和國外阿拉伯世界的需求有關，其重要原料——鈷有相當一部分是來自國外的回回青，大盤等器型是適應穆斯林席地而坐圍吃手抓飯的習俗，而盤沿的蓮飾圖案則與伊斯蘭陶器或地毯的邊飾相似[108]。

　　經過幾十年的混居與交流，到元中後期，江西境內多民族人士衝破民族限隔的樊籬，他們或互為師友，或互締婚姻，形成了一個多元民族的文化圈。崇仁虞集的國子學弟子、蒙古人卜顏帖睦爾任江西肅政廉訪司副使，時虞集已退隱鄉居，卜顏帖睦爾不

---

108 彭濤：《元代景德鎮青花瓷器的外銷及相關問題》，載《南方文物》
　　2003 年第 2 期，第 101-107 頁。

· 青花雲龍紋獸耳蓋罐

圖片說明：高安元代窖藏瓷器之一。通高46釐米，口徑14.6釐米，底徑18.8釐米。洗口，溜肩，鼓腹，淺圈足，肩部貼塑獸首啣環。蓋有子口，飾蓮花蓋鈕。全器紋飾多達12層之多。器腹主體紋飾為兩條雲龍和纏枝牡丹，蓋面、口沿和底足部的輔助紋飾分別為雜寶、卷草、雙體蓮瓣、纏枝菊線紋、迴紋、弦紋等，幾乎整個器面全部被青料紋飾覆蓋，為元青花的代表器物。造型雄渾，圖紋繁縟，裝飾典雅，色澤濃豔，構圖精緻巧妙，繪畫酣暢有力，具有極高的藝術價值。

圖片來源：劉金成編著《高安元代窖藏瓷器》，朝華出版社2006年版，第47頁。

· 土耳其托普卡比宮殿博物館藏青花纏枝牡丹紋葫蘆瓶

圖片來源：《南方文物》2003年第2期封底。

· 土耳其托普卡比宮殿博物館藏青花花鳥草蟲紋八角葫蘆瓶

圖片來源：《南方文物》2003年第2期封底。

忘師誼，登門造訪。崇仁吳澄的文集中，有許多篇章是關於蒙古、色目人的，或冠名取字，或序文題跋，或記事撰碑，反映了其交遊圈中蒙古、色目人士之眾。蒙古、色目人學有所成，則不乏成為江西儒學、書院之師者，如龍興蒙古人燕直鐵睦任龍興路學正，賽輔庭任瑞州路學正，哈直任南豐州學正，囊加德普化任建昌路旴江書院山長，德禮悅實任袁州路南軒書院山長，伯顏子中任南昌東湖書院山長和建昌路學教授[109]，等等。蒙古、色目人成為江西儒師，多發生在元後期。

蒙古、色目與漢族通婚之事在江西也時有發生。元朝面對境內民族眾多的局面，執行的一項基本政策是「各從本俗」，對婚姻則規定：「諸色人同類自相婚姻者，各從本俗法；遞相婚姻者，以男為主。蒙古人不在此例。」[110]可以說，元朝對不同民族通婚基本沒有限制，限制的只是婚俗以男為主。但是，因著宗教信仰的關係，有些民族一般不與異教徒通婚，如伊斯蘭教徒。在江西這樣一個儒風昌盛之區，固然有深固不通者「誓不以女嫁異俗」[111]，但是，由於蒙古、色目人擁有較高的社會地位，南來者又多是居官為宦者，遂有漢族出於攀附或其他目的而願「以女嫁異俗」。蒙古捏古台氏十里牙禿思任職信州路永豐縣，娶漢妻王

---

109 葉舟：《南昌郡乘》卷二一《選舉》，北京圖書館古籍珍本叢刊，北京書目文獻出版社 1988 年版；朱善：《朱一齋文集》卷六《伯顏子中傳》，四庫全書本存目叢書本。

110 《元典章》卷十八《戶部四‧婚姻‧婚禮‧嫁娶聘財體例》。

111 孔齊：《至正直記》卷三《不嫁異俗》。

氏。後十里牙禿思「篤於教子」[112]，其子篤列圖成為右榜狀元，也許與王氏的影響有關。西域合祿魯人抄兒赤駐軍建昌路三代之後，至第四代也速答兒赤，娶漢女左氏為妻[113]。南豐州戍將抄兒之子綽兒哈忠翊娶同僚渤海人（屬「漢人」）禿魯不花之女王延童為妻[114]。南安路戍將朵兒赤與王某結為姻親[115]。元末玉山縣達魯花赤、蒙古人壽安之妻則是貴溪楊某[116]。而豫章大儒周永言欲嫁女於弟子丁鶴年則未成，也許是因鶴年為信仰伊斯蘭教的回回，不願與異教通婚。

在多民族混居交往的背景下，遊歷外地的江西人也以種種方式與蒙古、色目人進行交流，既有施教於蒙古、色目人者，亦有向後者求學者。崇仁吳澄、虞集先後執教國子學，吳澄的國學弟子中有色目人阿魯丁、廉充等，虞集的國學弟子中有唐兀人斡玉倫徒、劉沙剌班、蒙古人卜顏帖睦爾等；臨江人梁寅在集慶路（治今江蘇省南京市）學執教，弟子中有高昌人伯睦爾。江西大儒執教外地時，弟子中不乏貴戚勳臣。吳澄曾在金陵擔任蒙古勳臣拔不忽家的塾師，而拔不忽是成吉思汗開國名將烏也而之孫。永新人吳鄮宋末避亂，徙居山西，向其執經問疑者中有元成宗駙馬闊裡吉思，富州人揭傒斯弟子中有出身斡羅訥兒貴族的蒙古進

112 虞集：《道園類稿》卷四六《靖州路總管捏古台公墓誌銘》。
113 揭傒斯：《揭文安公全集》卷九《送也速答兒赤序》。
114 劉壎：《水云村泯稿》卷一五《王氏夫人墓誌》。
115 宋濂：《宋學士全集・鑾坡前集》卷三《汪文節公神道碑》。
116 雍正《江西通志》卷一○一《列女五・廣信府》。

士變理普化[117]。向色目人求學者以撫州危素、饒介為代表。二人曾在金陵向書法大家、西域康里人 學習書法。後經危、饒二人的再行授傳，遂使這一色目人的書藝成為元末明初書藝的主流[118]。

---

117 蕭啟慶：《元代多族士人網絡中的師生關係》，載《歷史研究》2005年第1期，第119-141頁。

118 解縉：《文毅集》卷一五《書學源流詳説》，景印文淵閣四庫全書本。

江西文庫 A0701A19

江西通史：元代卷　中冊

主　　編	鍾啟煌
作　　者	吳小紅
責任編輯	楊家瑜
發 行 人	陳滿銘
總 經 理	梁錦興
總 編 輯	陳滿銘
副總編輯	張晏瑞
編 輯 所	萬卷樓圖書股份有限公司
排　　版	菩薩蠻數位文化有限公司
印　　刷	百通科技股份有限公司
封面設計	菩薩蠻數位文化有限公司

出　　版　昌明文化有限公司

桃園市龜山區中原街 32 號

電話 (02)23216565

發　　行　萬卷樓圖書股份有限公司

臺北市羅斯福路二段 41 號 6 樓之 3

電話 (02)23216565

傳真 (02)23218698

電郵 SERVICE@WANJUAN.COM.TW

大陸經銷　廈門外圖臺灣書店有限公司

　　電郵 JKB188@188.COM

ISBN 978-986-496-333-1

2018 年 1 月初版

定價：新臺幣 260 元

如何購買本書：

1. 轉帳購書，請透過以下帳戶

　　合作金庫銀行 古亭分行

　　戶名：萬卷樓圖書股份有限公司

　　帳號：0877717092596

2. 網路購書，請透過萬卷樓網站

　　網址 WWW.WANJUAN.COM.TW

大量購書，請直接聯繫我們，將有專人為您

服務。客服：(02)23216565 分機 610

如有缺頁、破損或裝訂錯誤，請寄回更換

國家圖書館出版品預行編目資料

江西通史 元代卷 ／ 鍾啟煌主編. -- 初版. --

桃園市 ： 昌明文化出版 ；臺北市 ： 萬卷樓

發行, 2018.01

　冊 ；　　公分

ISBN 978-986-496-333-1 (中冊 ： 平裝). --

1.歷史 2.江西省

672.41　　　　　　　　　　　　107001899

本著作物經廈門墨客知識產權代理有限公司代理，由江西人民出版社授權萬卷樓圖書
股份有限公司出版、發行中文繁體字版版權。

本書為金門大學華語文學系產學合作成果。　　　校對：邱淳榆／華語文學系三年級